Viktor Jerofejew

MÄNNER

Viktor Jerofejew

MÄNNER

Ein Nachruf

Aus dem Russischen übersetzt
von Beate Rausch

Kiepenheuer & Witsch

1. Auflage 2000

Aus dem Russischen von Beate Rausch

Umschlaggestaltung: Rudolf Linn, Köln
Umschlagfoto: photonica
Gesetzt aus der Garamond Stempel (Berthold)
bei Kalle Giese, Overath
Druck und Bindearbeiten: Franz Spiegel Buch, Ulm
ISBN 3-462-02924-X

Inhalt

Das morgendliche Wunder

Das ist der kleine Junge, der sich hinterm Vorhang wäscht. Das ist die Bar, die bis spät in der Nacht geöffnet hat. Das ist die letzte Metro. Das ist die Billigklasse im Zug. An Bord eines Hubschraubers die Aufschrift: »Es gibt keinen Tod«. Der Mann beginnt mit der morgendlichen Erektion.

Sie kommt von nirgendwoher, ganz von allein, ungeachtet der Person. Es ist angenehm zu wissen, dass durch sie meine Freunde und Feinde auf einen gemeinsamen Nenner gebracht sind, entwaffnet in ihren Betten. Stärker als jede Ideologie, ist sie reaktiv und interkontinental, mit ihr erwachen der Papst in Rom und ganze Duma-Fraktionen, Hollywood-Stars, Nazis, Chinesen, Altwarenhändler, Diplomaten, Banditen, die Verleger meiner Bücher, britische Prinzen, das Internationale Rote Kreuz.

Sie ist die Negierung der nackten Mechanik.

Das ist das Nirwana mit allen Anzeichen von Frechheit und Gottesfurcht, Erregung außerhalb der Erregung.

Das ist eine entdinglichte Phantasievorstellung, wenn ich, um die Wahrheit zu sagen, weder zum Subjekt noch zum Objekt erklärt bin, genauer, ich habe eine Vorahnung von mir als Subjekt, welches sich in ein Objekt verwandelt.

Sie belebt mich. Ich belebe sie. Wir beleben uns gegenseitig.

Auf den ersten Blick besteht sie ganz aus pathetischen und exaltierten Empfindungen, aus Flitter, aus rosa

Ferkelfleisch, Nachtigallenschwüren und Brüdern Karamasow, kurzum, aus Aufmerksamkeit erregenden Errungenschaften des körperlichen Geistes, obwohl an ihr tatsächlich nichts Pathetisches ist. Wie jede hervorragende Erscheinung ist sie bescheiden.

Sie ist Zufall und Abenteuer.

Sie ist die lichte Trauer der Befreiung von Verpflichtungen.

Wegen der ihr eigenen Offensichtlichkeit ist sie ein geschlossenes Kraftfeld. Im Unterschied zu allen anderen Formen von Lebensimitation kann man in ihrem Fall nicht bestreiten, dass es da ein Ding gibt.

Sie gibt zwei Institutionen der Vergessenheit preis: die Familie und die Liebe.

Ich beginne zu begreifen, dass sie eine Skala von emotionalen Nuancen (von Stolz bis Verwirrung) und Wesenszügen enthält – materielle Wesenszüge, die zum physischen, chemischen oder optischen Studium anregen, sowie regionale Wesenszüge (die zurückgehen auf Ästhetik, Geschichte, Soziologie).

Die Lebensbejahung der morgendlichen Erektion ist teuer.

Die Treue zu ihr ist für Männer die beste Devise.

Die Zeit der morgendlichen Erektion ist eine zutiefst *männliche* Zeit – sie ist nicht zu zerstückeln. Ein Synonym für Ganzheitlichkeit, multipliziert sie sich mit sich selbst, alle denkbaren Grenzen zwischen dem Realen und Idealen verwischend und platonische Konstruktionen überwindend. In diesem Sinne ist die morgendliche Erektion ein prä- und postkultureller Zustand, welcher jedoch zur Kultur selbst keine Beziehung hat. Die Kultur macht um sie einen Umweg.

Außerdem ist die Kultur insgesamt auf der morgendlichen Erektion aufgebaut, sie ist ihre Fortsetzung, Ergänzung, ihr Vermächtnis, besser gesagt, ihr Kommentar.

Puschkin ist eine morgendliche Erektion in Gestalt eines russischen Dichters.

Vermeer und Picasso sind ihre Doppelgänger.

Homer ist ihre Einleitung.

Dante ist ihre Komödie.

Proust ist die vielbändige Erinnerung an die morgendliche Erektion.

Schubert ist ihr musikalisches Gegenstück.

Kant ist ihr Erguss.

Kafka ist die abgebrochene Pollution.

Die morgendliche Erektion ist ein Zustand der reinen, durch nichts getrübten Vitalität. Für jeden, der sie in der Hand hält, ist das eine Überprüfung der Lebensqualität. Die morgendliche Erektion ist der Finger Gottes.

In der Atmosphäre statischer Interpretation besteht genau ihre Echtheit. Ich konstatiere bis zur Erschöpfung: Es gab sie.

Sie hat keinerlei Begründung. Sie ist nicht ordnungsgemäß angemeldet, sie hat keinen Pass. Ein nicht durch ein konkretes Bedürfnis bedingtes Bedürfnis, will sie nichts als sich selbst kennen. Sie kann kein Gegenstand der Beschreibung sein, denn sie lässt mich zwischen zwei Sprachen pendeln, der gebietenden und der ungefähren.

Sie verweist alle auf ihren Platz und entspricht meinen Erwartungen. Sie sieht wie alles Mögliche aus, nur nicht wie das, was sie, ausgehend von der Sphäre des bürgerlichen Rechts, vorstellen sollte. Die morgendliche Erektion des Anarchisten ist konservativ, die des Konservativen anarchisch. Die morgendliche Erektion des Avantgardisten ist anachronistisch, die des Mönchs ein Marschallstab.

Eigentlich ist die morgendliche Erektion das einzige Ding, das den Mann zu einem Rätsel der Natur macht.

Die utilitaristische Herangehensweise an die morgendliche Erektion seitens gewisser Frauen, welche sich auch in Witzen niederschlägt, erscheint mir als ein Zeichen weiblicher Verrücktheit und vergeblicher Fetischisierung des Lebens.

Ein effektives Mittel, die morgendliche Erektion zur Vernunft zu bringen, ist, sie allgemein gültig und banal zu machen, so dass es neben ihr kein anderes Bildnis gibt, dem gegenüber sie ihre Anstößigkeit, Faszination und ihren Wahnsinn bestätigen könnte.

Der Mann beginnt mit der morgendlichen Erektion.

In den meisten Fällen hört er mit ihr auch auf.

Geologischer Erdrutsch

Was war, das ist vorbei. Der russische Kerl erhebt sich von allen vieren. Es ist Zeit, dass er sich in einen Mann verwandelt. Was für eine Fresse!

»Wieso?«

»Klopf dir den Staub ab!«

»Jaja!«

»Kämm dich!«

»Jaja!«

Wir tauschen die fünf Finger gegen den Kamm, den Panzerwagen gegen Parfüm, obszönes Fluchen gegen Englisch, Scheiße gegen Mist, Gestank gegen eine Million, Pfusch gegen Gewinn, den Ersten Mai gegen einen Popen, Schwarzmalerei gegen Schuhcreme, Heiserkeit gegen langes Leben, den Parteiausweis gegen einen dicken Ring, Buch gegen Fernseher, den Stahlwerker gegen einen Jeep, löchrige gegen neue Socken, Kolchose gegen Business, kein Geld gegen Geld.

Wir tauschen Geld.

Wir tauschen Eigenbau gegen Datscha, Hütte gegen Ziegel, Stacheldraht gegen Affe, Schützengraben gegen Friedhof, Judenfeindlichkeit gegen Judenfreundlichkeit, Kommunalka gegen Hubschrauber, Kwas gegen Kwas.

Wir tauschen Dissidenten gegen Vielfalt.

Wir tummeln uns. Wir putzen die Stiefel. Wir schaffen die eigene Geschichte ab. Wir kämpfen gegen den schlechten Geruch aus allen Ritzen. Wir lenken unser Augenmerk auf den Körper. Da ist er, mein Körper. Wir denken, während wir in den Spiegel schauen, über Sex nach.

Wir freuen uns an der Schönheit Moskaus. Wir schicken unsere Kinder nach Oxford. Wir setzen keine Hoffnungen in die Heimat – Hauptsache, sie behindert uns nicht. Wir diskutieren intelligent über die Zukunft des Landes.

»Warum soll ich für Irland sterben? Soll doch Irland für mich sterben«, sagte einmal James Joyce.

Sein Porträt findet man heute auf irischen Zehnpfundnoten.

Wir kaufen ein schönes Auto. Wir kaufen viele unnötige Dinge. Wir konfrontieren uns mit unserer eigenen Dummheit. Was ist Geschmack? Wir begreifen: Es braucht mehr als eine Generation.

Wir tauschen die Gesichtsfarbe.

Wir tauschen Feuchtigkeit gegen Schwimmbad, den ungeebneten Weg gegen die Autobahn, Täublinge gegen Champignons, Ackerbauern gegen Klatschspalten, Tschernobyl gegen die Insel Capri, die Ausnüchterungszelle gegen Ökologie, den Bären gegen den Herrn, Schlagring gegen Reklame, Erniedrigung gegen männliche Würde, Besäufnisse gegen Stehempfänge, Dörrfisch gegen Lachs, Erz gegen Toilettenpapier, Schlangestehen gegen Aktien, Nutte gegen Lesbe, ein keusches Mädchen mit flottem Schamhügel gegen eine gnädige Frau.

Wir tauschen die Religion. Wir empfinden beim Diebstahl nicht mehr den früheren Zauber. Wir hören unter Qualen auf zu denken, dass wir besser sind als alle anderen. Wir verehren die russische Fahne.

Wir tauschen Tod gegen Reinkarnation, Ratte gegen Supermarkt, Bande gegen Polizei, Humus gegen Kinder, heiliges Narrentum gegen Mentalität, Rentner gegen Bettler, Ideologie gegen Partnerschaft, Gold- gegen Keramikzähne, Angst gegen Besinnungslosigkeit, Tschetschenen gegen Japaner, Soldaten gegen Drogen, Traufe gegen Regen.

Wir tauschen Kwas erneut gegen Kwas. Denn irgendwelche Konstanten muss es ja geben.

Wir tauschen »wir« gegen »ich«. Es geht nicht. Wir tauschen »wir« gegen »ich«. Es geht nicht. Wir tauschen »wir« gegen »ich«. Es geht nicht. Nein, irgendwie ging doch was.

Der Mann ist etwas Neues.

Der Mann – das ist ein Kerl, der (obszönes Fluchen gegen Englisch) *his own identity* gefunden und den Begriff ins Russische übersetzt hat.

Der Mann – das ist eine klare Sache.

Es ist Zeit.

Ich schreibe den Text in der Farbe von Eisen. Auch ich bin ja ein geologischer Erdrutsch.

Ross und Hütte

Die unsterbliche Wendung »ein Ross im Galopp aufhalten« ist wohl kaum wörtlich zu verstehen. Ob Nekrassow das wollte oder nicht, hier geht es eher nicht um Pferde, sondern um Männer. Der russische Pferdemann galoppiert und galoppiert, er jagt dahin, er weiß selbst nicht, wohin er galoppiert, wozu und wie lange er galoppiert. Er galoppiert einfach so dahin und basta, er galoppiert in einer Herde, er hat ein Alibi: Alle galoppieren, und er galoppiert auch.

Der Pferdemann ist durch die ganze russische Geschichte galoppiert, mit blankem Säbel oder auch ohne Säbel, schaumbedeckt, die Augen weit aufgerissen, ein wahnsinniger Anblick. Die Idioten galoppieren, die Faulpelze galoppieren, die Schlitzohren galoppieren, die Speichellecker galoppieren, auch die Klugen galoppieren – kurz gesagt, alles Rennpferde.

Versucht man aber herauszubekommen, wohin sie, diese russischen Kerle, galoppieren, dann stellt sich nach einigem Nachdenken heraus, dass sie aus der Vergangenheit in die Zukunft galoppieren, vom Gestern ins Morgen, wobei sie das Heute überspringen. Mit dem Heute können sie überhaupt nichts anfangen, im Heute finden sie es beengend und drückend, sie haben im Heute nichts verloren, und sie haben auch nicht gelernt, im Heute zu leben. Sie lassen weder sich selbst noch andere im Heute leben, also müssen sie weiter galoppieren, so weit weg wie möglich vom Heute, also müssen Träume und Theorien erfunden werden, die besagen, dass es morgen bestimmt besser sein wird als heute und dass man möglichst schnell ins Morgen hinein galoppieren muss. Aber Morgen – das ist nicht nur das morgige Heute, was halb so schlimm wäre. Morgen – das ist langfristig gesehen der Tod. Und alle galoppieren sie in den Tod, Hals über Kopf.

All diese russischen Kerle sind kaum aufzuhalten. Ihre Herde ist im Verlauf der russischen Geschichte stark verwildert. Die Herde stürmt dahin, den Geruch von Schweiß, Blut und Schnaps hinter sich lassend. Die Materie ist träge geworden, aber sie galoppieren trotzdem.

Und da tritt gar nicht zufällig Nekrassow auf den Plan und besingt diejenige, die »das Ross im Galopp aufhält«. Nekrassow hat alles richtig verstanden, ungeachtet seines langweiligen Äußeren und anderer individueller Mängel. Er hat die Rolle der russischen Frau verstanden.

Ohne die russische Frau wäre der russische Reitersmann jetzt sehr weit weg, er wäre längst über alle Berge. Ich weiß nicht, wohin er im 19. Jahrhundert galoppiert wäre, obwohl er auch damals schon unter der zaristischen Losung »Autokratie, Orthodoxie, Volksnähe« ins Paradies auf Erden galoppierte, aber im 20. Jahrhundert hätte er sich längst im Kommunismus wieder gefunden. Denn er hat ja immer schon vom idealen Pferdestall geträumt, wo man auf ewig sein Maul in den idealen Futtertrog stecken kann. Aber die russische Frau ließ die Verwirklichung der Utopie nicht zu und hielt das Pferd auf. Nicht die Dissidenten, nicht die liberalen Schriftsteller, sondern die russischen Frauen haben unsere Kerle vor dem Kommunismus gerettet.

Nekrassow kam als Realist der Wirklichkeit sehr nahe. Der Pferdemann hielt nicht von allein an, etwa weil er den Reiz der russischen Frau witterte. Sie selbst hielt ihn

»im Galopp« auf und sagte: Lass uns im Heute leben. Lass uns, sagte sie, so leben, dass bei uns alles so ist wie bei normalen Menschen. Der Kerl verstand natürlich nicht gleich, was sie meinte. Auf der Arbeit log er viel, und zu Hause trank er viel, und darum kapierte er lange nichts. Aus alten Liedern wusste er, dass die Liebe existiert, aber vor seinen Augen stand immer Lenin und nicht irgendetwas anderes, und für dieses andere, Halbvergessene, fand er selten eine würdige Verwendung. Und nur manchmal in der Banja, wenn er sich beim Waschen von oben bis unten betrachtete, entdeckte er seltsame Wünsche, aber der »Playboy« wurde zu der Zeit noch nicht verkauft, und er wusste nicht, was er mit sich in diesen Fällen tun sollte.

Die russische Frau log auf der Arbeit statistisch gesehen sehr viel weniger, und zu Hause trank sie sehr viel weniger. Sie hatte mehr Verstand und war im Heute verwurzelt. Sie wusch, bügelte, schminkte sich die Lippen noch auf dem Höhepunkt des Personenkults, gebar Kinder und gab ihnen die Brust. Sie achtete darauf, dass bei ihren Kindern nicht der Rotz unter der Nase hing. Sie träumte davon, Möbel zu kaufen. Vor allem aber war für sie die Liebe wichtiger als der Kommunismus.

Stalin war ein inkonsequenter Mann. Strategisch richtig vernichtete er Bucharin und dergleichen Oppositionelle, aber er liquidierte nicht die Frau als Klasse, was wenig scharfsinnig war. Man hätte alle Weiber in den GULag schicken und eine progressive Methode zur Reproduktion der Bevölkerung ohne Anwendung der Zeugungsorgane finden müssen. Das hat er nicht getan, er war kleinmütig, und es war ihm peinlich. Er verbot die Bibel und den Koran, aber er erlaubte, dass in sowjetischen Geschäften Parfüm verkauft wurde. Dieser schwache Mensch verlangte von den sowjetischen Frauen nicht einmal, dass sie sich den Busen binden.

Und schließlich ging Stalin an den Frauenbrüsten zugrunde.

Allerdings schaffte er es dennoch, Schaden zu verursachen. Er zerstörte die Häuser und setzte die Hütten in Brand. Die Hütten brannten jahrelang. Das Zuhause als Begriff hörte auf zu existieren. Wenn die Pferde galoppieren, brennen die Hütten. Die Kerle galoppierten, und die Frauen gingen in die brennenden Häuser hinein. Die Notwendigkeit, Möbel zu besitzen, fiel weg. Die Hütten brennen auch jetzt: mal hier, mal da. Das prophetische Wort Nekrassows hat sich im gesamtstaatlichen Ausmaß bewahrheitet.

Wann werden unsere Kerle endgültig aufhören, in der Herde zu galoppieren? Wann löschen sie die Hüttenbrände? Wann lernen sie, im Heute zu leben?

Morgen?

Stil, Stil, Stil

Ohne Stil kein Mensch. Stillosigkeit ist eine schreckliche russische Geißel. Ich weiß nicht, wer die amerikanische Militäruniform des Zweiten Weltkriegs erfunden hat, aber es war eine klasse Uniform. In ihr sah jeder Soldat wie ein Sieger aus.

Es war eine Freude, sie anzusehen, als sie in der Normandie an Land gingen. Wenn man die Filmchroniken anschaut, möchte man selbst ein amerikanischer Soldat sein. Ein einfacher runder, stilvoller Helm mit locker sitzendem Verschluss, bequeme Hosen mit kecken Taschen, ein weites, blousonartiges Uniformhemd, eine schöne Maschinenpistole, und Stiefel – was für Stiefel erst! In solchen Stiefeln ist das Sterben nicht schrecklich.

In Sachen Stil steckten die Amerikaner damals alle in die Tasche: sowohl die allzu dekorativen Engländer, als auch die gezierten Franzosen, die Faschisten in ihren extrem aggressiven Uniformen ebenfalls, und schließlich unsere Soldaten mit ihren Medaillen an der Brust. Die Amerikaner hatten schon als Cowboys Stil, mit ihren Halstüchern und Cowboyhüten, und als Soldaten konnten sie es fast mit der *Haute Couture* aufnehmen. Mir gefällt in Amerika vieles nicht, aber Stil haben die amerikanischen Männer im Blut.

Seit dem Zweiten Weltkrieg ist ein halbes Jahrhundert vergangen, und bei uns hat sich staatlicherseits in Sachen Stil nichts geändert. Wenn man sich Berichte aus Tschetschenien anschaut, begreift man, dass die Russen dort nicht siegen konnten, allein schon deswegen nicht, weil sie nicht überzeugend aussahen. Die Tschetschenen verstehen es, ihr islamisches Stirnband korrekt um den Kopf zu winden, und wie sie ihre Waffe halten, ist schön anzusehen. Die russische Armee dagegen – ein einziges stilistisches Missverständnis. Besonders das Oberkommando. Dickbäuchig und plump. Irgendwelche schiefen Visagen. Wenn einer Brille trägt, dann ist die Brille unvorstellbar hässlich.

Von den Milizionären will ich gar nicht reden. Von den Streifenbeamten mit ihren fett gefressenen Gesichtern. Gott zeichnet den Spitzbuben. Sie lassen sich nur als Karikatur darstellen.

Und erst die Regierungselite! Neue Anzüge, aber die Socken haben sie nicht gewechselt, und so stolzieren sie in kurzen, kornblumenblauen Socken herum. Unsere ganze Korruption lässt sich aus diesen Socken herleiten. Diebstahl ist ein Zeichen von Stillosigkeit. Oder die Intelligenzia: Sie diskutieren über Joyce und Borges, aber Kleidung und Haarschnitt – sowjetischer geht's nicht. Eine Diskrepanz zwischen Form und Inhalt? Ich glaube nicht an einen Inhalt ohne Form. Zu wenig Geld? Aber ist das etwa ein Geldproblem! Der amerikanische Cowboy war auch nicht reich. Und dann wundern sich noch alle, warum die Russen im Westen nicht »durchgehen«, warum sich nach der kurzen Perestroika-Mode alle von uns abgewandt, warum sie aufgehört haben, »Kunst« zu kaufen. Doch nur deshalb, weil wir lächerlich aussehen. Und diese armseligen russischen Reisegruppen – da lachen ja die Hühner. Und die neuen Russen in ihren himbeerfarbenen Jacketts – auch da lachen die Hühner. Die einen sind underdressed, die anderen overdressed, aber der entscheidende Punkt ist derselbe: Stillosigkeit.

Die Abwesenheit von Stil produziert persönliche Unsicherheit und Aggressivität. Der Russe in Frankreich bemüht sich, einem Franzosen ähnlich zu sein, in Amerika einem Amerikaner, in Ungarn einem Ungarn. Aber irgendwie klappt es nicht, und das erzeugt Wut. Man braucht sich nur die Reportagen unserer Fernsehjournalisten aus dem Ausland anzusehen. Oder unsere Frauen, die von dort zurückkehren. Aus Deutschland kommen sie alle wie typische deutsche Frauen zurück (Kurzhaarschnitt). Es stockt einem der Atem. Dieses Imitieren ist, bei aller Erbärmlichkeit, immer noch besser als gar nichts. Aber nur ein bisschen besser.

Es gibt heute keinen russischen Stil, und das ist eine Katastrophe. Davor konnte uns auch ein Saizew mit seinem Stilmischmasch nicht retten, ebenso wenig die Patrioten in ihren Russenhemden oder der russische Film.

Wir sind weder Rumänen noch Ukrainer: Wir haben all unsere folkloristischen Rituale verloren. Um zu ihnen zurückzukehren, fehlt uns die Kraft, und es wäre auch nicht gut. Unsere vorrevolutionären Urgroßväter und Urgroßmütter haben uns nichts vererbt als ein oder zwei Silberlöffel. Wir sind die Nachfahren des »Sowók«, des Sowjetmenschen, der beim Wort »Stil« nur befremdet die Augen verdrehte.

Einen Stil aus dem Nichts zu entwickeln ist unmöglich. Russen und Eleganz – das sind bislang unvereinbare Begriffe. Der russische Mann kann sich – mit wenigen Ausnahmen – nicht »verkaufen«. Er hat immer etwas an sich, das »daneben« wirkt.

Jetzt beginnt die Zeit eines stilistischen Bruchs. Die Jugend hat schon den Geschmack und die Macht des Stils gewittert, und sie nabelt sich von den ewig zurückgebliebenen Alten ab. Die erste Generation von Russen, die an Stil interessiert sind, ist da. Russen, die Stil genießen können. Die sich in einen Stil einklinken können. Die Abnabelung wird schmerzhaft wie alles in der russischen Geschichte, aber sie ist nicht nur schlicht unumgänglich. Das ist der Weg des russischen Menschen zu sich selbst.

Optina Pustyn und der Lippenstift

Mein Freund Popow hat mich gewarnt, dass Optina Pustyn mich enttäuschen werde, denn da sei es so grauenhaft verwahrlost, er wisse das, er sei dort vor fünfzehn Jahren gewesen, es sei also besser, nicht dorthin zu fahren. Aber ich habe nicht auf meinen Freund gehört. Schließlich ist Optina Pustyn, dachte ich, der geistige Stolz Russlands, im vorigen Jahrhundert sind Gogol, Dostojewski und Tolstoi (der Letztere zu Fuß, und das sechs Mal!) dort bei den heiligen Starzen gewesen, und von löchrigen Kirchenkuppeln lasse ich mich nicht abschrecken. Einmal ist keinmal, warum es nicht wenigstens versuchen? Außerdem ein schöner Ort, der in Fichten- und Eichenwäldern versinkt.

Und in der Tat: Er versinkt. Allerdings vor allem in Baugerüsten. Das Männerkloster wird in Rekordzeit wieder aufgebaut, es ersteht aus der Asche, ein hoher Glockenturm wird errichtet, das »brüderliche« Leben brodelt, die Starzen-Klause riecht nach Linden und Farbe.

Die Seele des russischen Menschen jubiliert: Es gibt keine Spuren von der Berufsschule für die hiesigen Minderjährigen, die sich in den heiligen Mauern befand, keine Erinnerungen an das Konzentrationslager für die gefangenen polnischen Offiziere, die später in Katyn erschossen wurden. Eine glückliche Verwandlung. Ein Haufen Exkursionen. Pilger. Die reine Glückseligkeit. Vor den Toren ein junger weltlicher Wächter mit Kopftüchern in der Hand: Frauen mit unbedecktem Kopf werden nicht eingelassen, da, zieh dir das an, dann darfst du rein. Auch Miniröcke werden nicht eingelassen. »Wir haben schließlich Selbstachtung«, sagt der Wächter vorwurfsvoll, während er die braun gebrannten Beine eingehend betrachtet. Die Beine werden mit der nächstbesten Jacke verhüllt.

Ich betrete die Kathedrale. Vor der ganz neuen Ikonostase eine Gruppe Oberschüler. Statt eines Reiseleiters ein Geistlicher mit mächtigem schwarzen Bart. Er spricht mit Nachdruck. Über das Wesentliche.

»Hast du eine Seele?« fragt er einen Burschen mit Schnurrbärtchen. Der schweigt.

»Oder bist du ein *unbeseeltes* Wesen?« wagt der Geistliche ein feines Wortspiel. Philologische Taschenspielertricks, auf die Oberschüler anspringen.

»Ne, ein beseeltes.«

»Und wo ist dann deine Seele?«

Der Bursche ist verwirrt.

»Im Mund.«

Alle lachen. Nach diesem Sieg schwenkt der Geistliche rasch auf Angstmache um:

»Über jeden wird ein Buch des Lebens geführt. Wer in diesem Buch lauter ›Sechser‹ erhält, der kommt in die Hölle.«

Es folgt eine energische Beschreibung der Höllenqualen.

Mit langen Gesichtern, in Kopftüchern, kommen meine beiden Begleiterinnen auf mich zu, Journalistinnen aus Kaluga. Die Tante, die Kerzen verkauft, hat ihnen wegen ihres Lippenstifts die Leviten gelesen. Sie habe gesagt, dass Lippenstift nicht gottgefällig sei, und sie sollten sich bloß nicht einfallen lassen, mit ihrem Lippenstift die Ikonen zu berühren, sonst seien ihnen ewige Qualen sicher (schon wieder).

Mein Gott, dachte ich, was geht hier vor? Unter löchrigen Kirchenkuppeln waren unsere Kirchendiener still wie die Mäuschen, und jetzt, wo sie wieder Oberwasser haben, übernehmen sie als Erstes die Angewohnheiten der Hirten der Partei. Und was ist mit der christlichen Liebe? Natürlich muss es auch Regeln geben, aber wo bleibt die Absolution?

Als man mir schließlich am Brunnen mit dem heiligen Wasser ebenfalls die Leviten las, weil ich einige Tropfen auf den Boden hatte fallen lassen, entschied ich endgültig, dass man in der Einsiedelei in Sachen Strenge des Guten zu viel tat, und sogar die gepflegten Beete mit roten Ringelrosen kamen mir vor wie Kasernenzubehör. Gestriegelte und strenge Geistliche liefen im Exerzierschritt herum.

In dem kleinen örtlichen Literaturmuseum erzählte der Führer missbilligend, dass Tolstoi direkt mit Gott kommunizieren wollte, ohne die Kirche, weshalb er sich als vertrockneter Ast der orthodoxen Kirche erwiesen habe, was aus einem Bild hervorgehe, welches die Beziehungen berühmter Besucher des Klosters zu den Starzen darstellte, die Tolstoi der Überheblichkeit bezichtigten.

Als die heutigen Vorsteher von Optina Pustyn gefragt wurden, warum es auf dem Gelände des Klosters keine Gedenkstätte für die polnischen Opfer des Konzentrationslagers gebe, sagten sie, das sei eine »weltliche Angelegenheit« und sie wollten darauf nicht eingehen. Außerdem, so fügten die Vorsteher hinzu, seien das Menschen anderen Glaubens gewesen.

Und dennoch hoffte ich auf ein Wunder: Vielleicht war diese übermäßige Strenge die *Kinderkrankheit* der Kirchenvorsteher aus Kaluga, die noch vor kurzem für ihren Glauben gelitten hatten (weshalb sie die Sympathie aller normalen Menschen auf ihrer Seite hatten). Im Ikonenladen von Optina Pustyn indes stieß ich auf das neueste kollektive Werk mit einem gezielt bedrohlichen schwarz-roten Umschlag und dem nicht weniger schrillen Titel »Wege, die in die Hölle führen«.

Aus den »Wegen« erfuhr ich nicht nur, dass Computerspiele »Monster für die Kleinen« sind (es stellte sich heraus, dass der Autor an unserem Samisdat-Almanach »Metropol« beteiligt war). Geschimpft wurde auch über Rock-Musik, die Familie Rerich, Daniil Andrejew,[1] das Fernsehen, Nirwana, Kartenspiel, kurzum, über alles Mögliche.

Was Sex betrifft, so heißt es in den »Wegen« im Wortlaut: »Der orthodoxe Glaube steht eindeutig auf dem Standpunkt: Geschlechtliches Leben von Mann und Frau ist nur in der Ehe möglich, deren Zweck die Fortpflanzung ist. Wenn die Ehe nur zur Befriedigung der Wolllust existiert, so ist sie sündig ... Homosexualität und andere Formen von Perversion (Sodomie, Sadismus, Transvestismus u. a.) sind schwere Sünden ...«

Ich bin ein freches Ding!!!
Ich amüsiere mich und sing!!!

»Kann man die Musik nicht leiser stellen?« fragte ich die Kellnerin in einem Restaurant in der Nähe des Klosters, wo ich eine selten leckere grüne Kohlsuppe mit Kalbfleisch aß und mir mit Interesse das Resümee zu Gemüte führte: »Für die Sünden der Hurerei, schändliche geschlechtliche Perversionen, das heißt für Sünden gegen den Körper, erfolgt unumgänglich die Vergeltung – der Zorn Gottes und der Tod.«

In ihrer gesamten Geschichte hat die orthodoxe Kirche verbissen gegen Sex gekämpft und alles außer der

»Missionarsstellung« verboten (»Äuglein zusammen, und Popo getrennt«, kommentierte das Volk), bei verhängten Ikonen und obligatorischem Ablegen des Kettchens mit dem Kreuz im Namen der *ausschließlichen* Zeugung.

Fragt sich, wo es doch um Zeugung geht, wozu dann das Kreuz abnehmen?

Jeder Experimentierversuch, inklusive *Koitus* öfter als einmal pro Nacht, wurde mit Enthaltsamkeit bis zu zehn Jahren bestraft (da haben wir die Wurzeln unseres Stalinismus). Fürs Masturbieren 60 Tage Fasten und 140 Kniefälle täglich. Im mittelalterlichen Russland entfielen bei Abzug von religiösen Feiertagen, Menstruation, Mittwoch und Freitag, an denen gefastet wurde (in ganz strengen Zeiten außerdem Samstag und Sonntag) auf das Vergnügen nicht mehr als sechs Tage im Monat. Ob nicht all diese Einschränkungen das Volk erst auf den Gedanken gebracht haben, dass »die Fotze viel Süßes zu bieten hat – man kann es gar nicht alles auslecken«?

Das Christentum hat sich an dem jahrhundertelangen erfolglosen Krieg gegen den Sex abgearbeitet. Die geschlechtslose Religion hat sich erschöpft. Der orthodoxe Glaube ist lediglich eine der Türen zur Ewigkeit, und nicht das einzige schmiedeeiserne Tor für die gesamte Menschheit. Die Usurpierung des Monopols auf die Wahrheit in letzter Instanz sieht nicht wie eine gottesfürchtige Angelegenheit aus. Versöhnt euch, ihr Gerechten! Gesucht wird ein neuer Johannes der Täufer.

Wer hat Angst vor Francis Bacon?

Wahrscheinlich war Bacon der abgefahrenste Maler des 20. Jahrhunderts. Vor ihm erschauderten alle wie vor der Pest. Als Erster erschauderte ein ehemaliger Offizier der britischen Armee, der sich, nachdem er in den Ruhestand gegangen war, in Irland der Pferdezucht widmete: Als Bacon, 1909 in Dublin geboren, sechzehn Jahre alt war, fand der Vater heraus, dass der Sohn homosexuelle Neigungen hatte, und machte einen Skandal. Bacon floh vor der Familie und den väterlichen Pferden zunächst nach London, dann nach Berlin, welches in den zwanziger Jahren dafür berühmt war, dass an der Stelle, wo sich in anderen Städten die Seele befand, ein Loch war.

Nachdem Bacon sich nach Herzenslust in Berlin ausgetobt hatte, zog es ihn nach Paris, er besuchte eine Picasso-Ausstellung (Picasso hat offensichtlich alle Künstler des 20. Jahrhunderts inspiriert), wo er auf der Stelle beschloss, *ebenfalls* Maler zu werden.

1933 malte Bacon auf Leinwand eine so lästerliche »Kreuzigung«, dass vor ihm die Kirche erschauderte. Aber er zeigte keine Reue und gab ihr den Rest, indem er eine ganze Porträtserie eines wüst brüllenden Papstes malte, wobei nicht ganz klar war, ob er Velasquez imitierte oder die spanische Klassik verhöhnen wollte.

Er malte seine Bilder auf der rauhen Rückseite der Leinwand, die ihm für die Darstellung der rauen Rückseite der Welt geeignet erschien. Wenn Bacon Geld verdient hatte, fuhr er gewöhnlich nach Monte Carlo, wo er sich dem Roulette hingab. Je nach Spielglück schlief er in Monte Carlo in den teuersten Hotels oder unter seinem

Mantel am Strand. Nach Hause kehrte er jedes Mal als armer Mann zurück.

Als Bacon ein berühmter Maler geworden war, vergaß er auch die letzten Regeln des Anstands. In London wurde er einmal zu einem Ball in den königlichen Palast eingeladen, wo Prinzessin Margaret sehr nett populäre Lieder zum Vortrag brachte. Bacon steckte zwei Finger in den Mund und pfiff die Prinzessin durch den ganzen Saal aus. Die Wachleute ergriffen ihn. Bacon machte sich los und schrie, dass Ehrlichkeit und ästhetisches Empfinden ihm nicht erlaubt hätten, sich anders zu verhalten: Die Prinzessin sang schrecklich falsch. Die königliche Familie strich Bacon für immer aus der Liste der anständigen Untertanen.

Bacon beruhigte sich nicht. Er begann auf seinen Leinwänden menschliche Körper zu zerstückeln. Menschen verwandelten sich in blutige Stümpfe. Das Skandalöseste daran war, dass es sich nicht um abstrakte Modelle handelte, sondern um Freunde, Liebhaber und Verwandte. Die Deformation der Körper trug hauptsächlich erotischen Charakter. Das ging so weit, dass Bacon 1953 sich selbst in seltsam grüner Farbe darstellte, wie er mit seinem ständigen Boyfriend Liebe machte. Das Bild wurde zur Pornografie erklärt, und die englische Zensur verbot für viele Jahre, es auf Ausstellungen zu zeigen.

Was Bacon in seinen Bildern mit seinen Freunden machte, war vom Standpunkt der Durchschnittsmoral schwerlich anders als Verrat zu bezeichnen. Bacon stellte auch sich selbst nicht auf vorteilhafte Weise dar, seine Selbstporträts waren ein hässlicher, das mondäne Publikum abstoßender Anblick. Er präsentierte sich als völlig debil, mit verzerrter Visage, obwohl er in Wirklichkeit ein schöner Mann war, der bis ins hohe Alter (er starb

1992) um zwanzig Jahre jünger aussah als er tatsächlich war. Aber wenn er frei war, mit sich selbst zu tun, was ihm beliebte, warum machte er die Gesichter und Körper von Menschen nieder, die ihm teuer waren? Er malte keine Karikaturen oder Grotesken, das wäre zu banal gewesen, er zerfetzte seine Freunde geradezu mit den Zähnen und spuckte sie stückweise auf die Leinwand. Alle waren einfach platt. Viele haben ihm das nie verziehen. Und die, die ihm verziehen, konnten keine Erklärung dafür finden. Bacon tat sich in der Regel mit Antworten nicht schwer. Entgegen den Kanons der Malerei malte er seine Porträts nicht nach der Natur, sondern nach Fotografien, und einmal machte er das nebulöse Geständnis, dass er durch die Deformierung nahe stehender Menschen ihrem Wesen näher komme und die in ihnen steckende Energie heraushole.

Vor kurzem war in Paris eine riesige Bacon-Retrospektive zu sehen, zu der ganz Europa angereist kam, die Leute standen mehrere Stunden Schlange. Der wüste, unmögliche Rowdy wurde von der Kunstwelt feierlich zum Genie erklärt. Postum und in Abwesenheit wurde ihm alles verziehen. Die Kunsthistoriker und die modischsten Kulturwissenschaftler rückten ihn ins beste Licht. Er hat, stellt sich heraus, die Qualen unserer Zeit reflektiert. Er war, stellt sich heraus, Pazifist. Er war, stellt sich heraus, ein Kämpfer für die Freiheit der Liebe unter Männern. Er war, wie sich zeigte, ein *Moralist*, der unsere klägliche Existenz verurteilte.

All das ist so und überhaupt nicht so.

Ein Mensch, bei dem sich das Syndrom des Genies zeigt, steht per se außerhalb aller menschlichen Definitionen. Ein Stümper, der sich als abgefahren darstellt, sieht aus wie ein kümmerlicher Stümper. Durchschnittlichen

Menschen ist es laut Etikette vorgeschrieben, nett zu sein, und von ihnen wird nichts erwartet als lächelnde Anständigkeit, an der es ebenfalls mangelt, besonders bei uns. Muss man die Offenbarungen von Francis Bacon fürchten?

Fürchtet euch mutiger! Nur Idioten fürchten sich nicht.

Gott nimmt das Weib und gibt dafür ein Mädchen

Wie schön tröstete man im alten Russland die Witwer. Irgendwo dort in anderen Ländern weinten die untröstlichen (echt!) Ritter bittere Tränen, wenn sie die geliebte Frau verloren hatten, sie schrieben (echt!) lauthals Epitaphe, gingen ins Kloster, und bei uns dachte der Kerl gar nicht daran zu trauern. Er verspürte ein seltsames Gefühl der Erleichterung und Befreiung, ihm eröffneten sich neue Lebensperspektiven. Aber klar! Der russische Gott ist gut. Er wird ihm ein süßes *Mädel* geben. Keine andere Volkskultur der Welt hat ein so zynisches Verhältnis zur Frau wie die unsere. All das lebt bis zum heutigen Tag in den Genen weiter.

Lenin hat einmal richtig bemerkt, dass es in Russland zwei Kulturen gibt: die adlige und »die unsere«. Die Adelskultur hat keine Anstrengung gescheut, um den Status der russischen Frau zu heben. Mit genialen Gedichten und Prosa haben Puschkin und Turgenjew, Turgenjew und Puschkin den russischen Köpfen eingehämmert, dass die Frauen höher stehen, aufrichtiger und edler sind als die Männer. Nekrassow stellte die Dekabristenfrauen als Ideal des Nationalcharakters dar. Tolstoi, Dostojewski und Tschechow – sie alle! – hoben die Frau auf einen Sockel, aber dort konnte sie sich aus irgendeinem Grunde nicht halten.

»Unsere« Kultur hat sich als stärker erwiesen. Sie war nicht besonders wortreich oder verschnörkelt, aber unsere Sprichwörter geben ihr Wesen preis, denn sie sprechen für sich. Die Sprichwörter zerstören die Frau als Mensch. Sie ist Gegenstand von Spott und Erniedrigung geworden. Sie hat zu allem Überfluss den Status der Frau verloren. Sie hat sich in eine »Baba«, ein *Weib*, verwandelt, das heißt, sie definiert sich durch ein verächtliches Wort, das in die meisten Fremdsprachen nicht zu übersetzen ist.

Der gesamte Korpus russischer Volksweisheit ist durchtränkt von höhnischem Frauenhass. Verstand wird dem Weib vollständig abgesprochen. »Lange Haare, kurzer Sinn«, lehrt das Sprichwort. Ehrlichkeit ebenfalls: »Der Weiber Geschwätz schenkt sowieso keiner Glauben.« Und auch Mitgefühl: »Wenn Weiber weinen, pflegen sie ihre Launen.« Das Weib ist schlimmer als ein Hund: »Der Hund ist klüger als das Weib: Er bellt den Herrn nicht an.« Der Platz des Weibes ist die Hütte: »Weib, bleib bei deiner Spindel.«

Verblüffend ist manchmal die durch nichts zu erklärende unglaubliche Boshaftigkeit in russischen Sprichwörtern: »Mag das Weib auch zetern und tun, die Welt schert sich ja doch nicht drum.« Den Äußerungen des Weibes wird jegliche Bedeutung abgesprochen: »Der Wirtschaft und der Welten Lauf hält der Weiber Krittelei nicht auf.«

Was die Leidenschaften des Weibes betrifft, so gibt es auch hier keine Gnade: »Ein Weiberherz ist wie ein kochender Kessel.« Und vollends gnadenlos ist man mit dem alternden Weibe. Alt zu werden ist für sie ohnehin kein Vergnügen, und obendrein verpasst man ihr noch das Urteil: »Vierzig Jahr – der Weiber Zeit.« Obwohl es auch solche kecken russischen Voluntarismen gibt wie: »Fünfundvierzig – wieder eine Beere am Strauch.« Aber weiter halt dich nicht auf und stirb: »Kommt der Tod zur Großmama, dann zeig nicht auf den Großpapa.«

Der Kerl ist *wichtiger* als das Weib, und darauf kann er stolz sein: »Das Huhn wird nicht zum Hahn und das Weib nicht zum Kerl.« Aber der Hahn ist im Stande, ein Huhn zu werden. Den schlappen, lumpigen, schüchternen, unverständigen Kerl neckt man in Russland traditionell als Weib: »Was heulst du wie ein Weib?«

Das Weib muss man schlagen. So verlangt es die russische Etikette. Je fester, desto besser für sie: »Schlag das Weib mit dem Hammer, dann gibt es kein Gejammer.« Wenn dem Weib etwas zustößt, ist es nicht schade drum: »Fällt das Weib von der Fuhre, ist dem Pferd leichter.« Und das ist ja in der Tat witzig gesagt. Scharfsinnig. Talentiert. Da sieht man, was für Naturtalente unser Volk hervorbringt. Und als Krönung all dieser Weisheiten das große Sprichwort, einmal mehr über das Huhn: »Das Huhn ist kein Vogel – das Weib kein Mensch.«

Was denn dann?

»Unsere« Kultur zuckt die Schultern. Sie würdigt niemanden einer Antwort. Die Sprichwörter sind zu Ende – es beginnt die Flegelei.

Zu sowjetischen Zeiten hat sich »unsere« Kultur mit einem besonderen Saft gefüllt. Sie ist zu einer Gaunerkultur geworden und in dieser Eigenschaft verführerisch für viele unabhängige russische Köpfe. In der Gaunerkultur ist die Frau auf einen *niedrigen* Platz verwiesen.

Ich weiß, von welchem Erbe man sich lossagen muss. Ich weiß: Sich von diesem Erbe loszusagen wird nicht einfach sein. Die Adelskultur kann man nicht zurückholen; die Demokratie erlaubt das nicht. Was soll dann der arme russische Playboy tun, der beschlossen hat, Verhaltensweisen zu übernehmen, die es in unseren Breiten nie gegeben hat?

Was tun ...? Was tun ...?

Vielleicht für den Anfang Blumen und ein Präservativ kaufen?

Andererseits muss man manchmal wirklich lachen und versteht: »Fällt das Weib von der Fuhre, ist dem Pferd leichter.«

Don't complain heißt »beklag dich nicht«

Ich habe den Norden nie gemocht, am wenigsten den hohen Norden, mir reicht die Moskauer Kälte, aber dann überredete mich ein Freund, ein Nordlicht-Enthusiast, und wir fuhren los – ans Ende der Welt, zum Nordkap, dem nördlichsten Punkt Europas. Und dort, in Norwegen, wo sich Fuchs und Has gute Nacht sagen, verliebte ich mich – ich war selbst überrascht –, zudem, möchte man meinen, in einen völligen Quatsch: in einen Baum. Und nicht einmal in einen konkreten Baum, sondern in die Gattung dieses Baums. So müssen sich zu Beginn des Jahrhunderts naive Studentinnen ins Proletariat verliebt haben.

Ich schäme mich, es zu gestehen, aber ich verliebte mich nicht in ein norwegisches, sondern ein russisches Nationalsymbol. Ich habe mich von diesem Symbol immer fern gehalten, einfach weil es mich anwiderte, es war überall, wohin man blickte, von der Schulfibel bis zur Sandunowski-Banja. Dreimal dürfen Sie raten. Genau, die Birke.

Wie ich darauf verfallen bin? Wir verließen Helsinki im Minibus und fuhren geradewegs den Meridian entlang nach oben, über den Polarkreis hinaus, durch Lappland bis zur Küste des Eismeers. In Helsinki war es heiß, die Finnen tranken Bier in großen Mengen, die Natur dampfte: Der Rhododendron blühte wie im Süden. Je weiter wir uns aber auf der Karte nach oben bewegten, desto strenger wurden die Pflanzen. Das Spiel um die Widerstandsfähigkeit begann. Als Erste schieden leichtsinnige Laubbäume, Linden und Pappeln, wie erschöpfte Läufer aus dem Rennen aus. Auch die Eiche hielt trotz ihrer Stämmigkeit nicht lange durch und verschwand aus dem Gesichtsfeld. Rentiere ersetzten Elche, auf den Verkehrsschildern wie in Wirklichkeit. Jenseits des Polarkreises schrumpften plötzlich alle noch übrig gebliebenen Bäume. Auf den Feldern blühte der König der Moskauer Müllkippen – das lila Feuerkraut. Von den Laubbäumen blieben noch kleinwüchsige Espen und Birken übrig.

Dann bedeckten sich wie auf Kommando alle Bäume mit Moos. Wir fuhren durch Sumpfland, kleine Goldfelder, in den Dorfgasthäusern gab es Bärenfleisch zu essen. Die Sonne ging nicht mehr unter. Wir kamen in die Windbruch-Zone. Hier gab es keine Espen mehr, näher zur Tundra hin verschwanden die Fichten. Auch die Saunen verschwanden; wir hatten die finnisch-norwegische Grenze überschritten, und die Norweger mögen keine Sauna. Zwei Invaliden, die neben einer Fahne auf Stühlen saßen, spielten die Grenzbeamten. Nach der Grenze gab es an Bäumen nur mehr Tannen und Birken.

Die Tannen sahen dürr und gerupft aus, die Birken hatten sich völlig verändert: Sie hatten sich in Birkengestrüpp verwandelt, die Stämme gekrümmt und braun geworden, mit sehnigen Fäustchen. Sie wuchsen entlang der tadellosen Landstraße, die durch ein Gebiet mit Dauerfrostboden führte, und um die dunkelroten norwegischen Bauernhäuser herum, an deren Fenstern Lampen für die kommende Polarnacht hingen.

Schließlich erreichten wir die Fjorde am Ozean, die hellen Strände mit ihren flachen Steinen, das Wasser von der Farbe zerstreuter kurzsichtiger grüner Augen. Die Sonnenstrahlen fielen schräg; es war nach Mitternacht. Der arktische Juliwind blies so stark, dass man sich kaum auf den Beinen halten konnte. Gegen Morgen flaute der Wind ab, und ich lief die Felsen entlang zum Meer. Und in den Felsspalten entdeckte ich Zwergbirken. Sie hatten gesiegt – von Tannen weit und breit keine Spur mehr. Sie schienen nicht an einer Stelle zu wachsen, sondern auf dem Bauch bis ans Ende der Landzunge zu kriechen, wobei sie um die nicht ganz weggetauten Inselchen sommerlichen Schnees einen Bogen machten.

Außerdem rochen sie. Und wie! Sie rochen, als sängen sie aus vollem Halse, über die ganze Küste, aus Leibeskräften in die arktische Landschaft. Die Birkenluft war stärker als das Salböl an einem Feiertag in der Kirche. Da begriff ich, es ist passiert: Ich verliebe mich. Ich verliebe mich in Zwergbirken, die leben und sich *nicht beklagen*.

Aber das ist ein besonderes Thema. Ich kenne kein einziges Land, wo man sich so viel über das Leben beklagt wie in Russland. Angefangen bei der Frage »Wie geht's?« bis hin zu Erkundigungen delikaterer Art, bekommt man haufenweise Klagen zur Antwort – über die Regierung, die Gesundheit, das Wetter, Väter und Kinder, Freunde, Krieg und Frieden, über sich selbst. In Russland beklagt man sich wohl deshalb, weil die Menschen bei uns schwächer sind als die Umstände. Warum sollten also unsere Männer nicht die ausländische Erfahrung von hässlichen norwegischen Zwergbirken übernehmen? Die arktische Umgebung kann ihnen nichts anhaben. Sie wissen zwar nichts vom angloamerikanischen Ehrenkodex, sie existieren einfach seiner Bestimmung entsprechend: *Don't explain, don't complain* (rechtfertige dich nicht, beklage dich nicht). Mit andern Worten: Lebt wie diese Birken.

Mein Freund, Marquis de Sade

Das Gespenst Marquis de Sade geht um in Russland. Aber niemand scheint genau zu wissen, wieso es umgeht und was für einen Sinn das hat. Nicht einmal der in erotischen Dingen sehr erfahrene Roman Wiktjuk[2] weiß es. Ich habe seine Inszenierung nach de Sades Roman »Die Philosophie im Boudoir« gesehen. Über eine nette Ästhetisierung des Sadismus mit den bei ihm üblichen rosa Verzierungen ist der Regisseur nicht hinausgegangen, es hat nicht hingehauen, und in mir erwachte der alte de Sade-Forscher. Ich bin de Sade in vieler Hinsicht verpflichtet. 1973 brachte ich meinen Aufsatz über de Sade, der damals einiges Aufsehen erregte, durch die sowjetische Zensur. De Sade hat mir einen literarischen Namen gemacht. Nun ist für mich der Zeitpunkt gekommen, den Ruf meines geschätzten französischen Gespensts zu verteidigen.

Russland ist für Sadisten ein Paradies. Das russische Staatswesen hat ihnen eine glückliche Existenz historisch garantiert. Es hat das menschliche Leben entwertet, ein System von Unterdrückung, allen möglichen Verboten und bigotter Moral geschaffen. Die verhinderten Sadisten werden zu Opfern des Sadismus, gibt man aber den Opfern die Macht, werden sie ebenfalls zu Sadisten. Der Sadismus bildet sich in unbegrenzter Menge heraus, wie Speichel fließt der Sadismus in Strömen. Es gibt im Russischen sogar ein Kosewort für Sadist – »Sadjúga«. Ich wüsste wirklich nicht, wo man es sonst so gut verstünde, andere zu erniedrigen, wo die Perspektive der Gewaltanwendung die Frauen so stark erregte und wo die Männer so naiv den Geschlechtsakt mit einer Prügelei verwechselten. Was den Grad der alltäglichen Aggressivität im Umgang miteinander betrifft, angefangen bei den öffentlichen Verkehrsmitteln und Kindergärten bis zum erhitzten Parlament, kann uns keiner das Wasser reichen, wir haben alle überrundet.

Die Illusion von Gleichheit produziert am allerbesten die echte Macht der verbotenen Ungleichheit. Die Illusion von Geistigkeit führt zu fieberhafter Masturbation, deren Opfer unter vielen anderen der blindwütige Wissarion Belinski[3] war (das ist eine biografische Tatsache).

Die Selbsterkenntnis des russischen Menschen lässt sich durch negative Größen berechnen. In seinem Innern sieht er unbeirrt das genaue Gegenteil von sich selbst, und über dieses *andere* verfasst er Poeme, die zum Stolz der Weltkultur gehören. Sogar der Materialismus wurde in unserm Land als höchstes Stadium des Idealismus betrachtet.

Für ein Land wie Russland ist ein Marquis de Sade einfach unumgänglich. Man hätte ihn als Arznei verschreiben können. Dem einen wird von dieser Arznei endgültig schlecht. Na schön, bedauern wir das, haben wir Mitleid und Mitgefühl, falls wir die Zeit dafür finden. Der andere begreift überhaupt niemals irgendetwas. Das liegt in der Natur der Dinge. Aber Menschen mit Anlagen zu freiem Denken wird es etwas leichter.

De Sade (hier übrigens seine Lebensdaten: 1740–1814) wollte niemanden heilen oder belehren. Er verkörperte im Leben und umso mehr in seinen Büchern die Selbstentblößung einer Leidenschaft, die keine eigene Logik kannte, aber diese mit beharrlicher Beständigkeit produzierte. De Sade ist weder Arzt noch

Patient. Er ist Schriftsteller, das heißt Gasthörer einiger verbaler Wahrheiten. Von vielen anderen unterschied ihn seine Beharrlichkeit. Er hätte auf der Ebene des Hedonismus stehen bleiben können, war aber offensichtlich eine schwärmerische Natur und flog davon in verbotene Sphären, die in der Ordnung des Lebens nicht zulässig sind. Wenn aber die Kultur einen de Sade nicht in sich aufnehmen kann, verwandelt sie sich in eine Verschwörung zu dem Zweck, den *Menschen* vor dem Menschen zu verstecken.

Der französische de Sade-Forscher Maurice Blanchot hatte wohl Recht mit der Behauptung, dass man sich »an de Sade nicht gewöhnen« dürfe. Zugleich nannten die Surrealisten ihn nicht umsonst den »göttlichen Marquis« und einen »Befreier«. Sie beriefen sich auf die für den legendären »Sadisten« überraschenden Worte: »Es heißt, meine Feder sei allzu spitz, ich verliehe dem Laster allzu abstoßende Züge; wollen Sie wissen warum? Ich will nicht, dass man das Laster liebt ... Unglück komme über jene, die es mit Rosen umgeben!«

Hinterlist? Sei's drum!

Die Kultur muss durch de Sade hindurchgehen und dabei die passenden Worte für die Entdeckung der erotischen Naturgewalt finden. Nur unter der Bedingung, dass man die Sprache der Leidenschaften frei beherrscht, wird die Lektüre de Sades weniger eine pornografische Offenbarung sein, die an sich spannend ist, sondern vielmehr die Überwindung einer Krankheit – der Stummheit, von der die »verlegene« Kultur geknebelt ist.

Wenn ich sehe, wie einträchtig die Menschheit den Weg der Genuss-Philosophie geht, wenn ich die Unerschöpflichkeit des russischen Sadismus und die Verhärtung seiner masochistischen Kehrseite betrachte, dann freue ich mich, dass Marquis de Sade auch im 21. Jahrhundert noch aktuell sein wird.

Sex als Sport

Früher war es leichter. Früher reduzierte sich alles darauf, SIE herumzukriegen. Oder wie man noch früher, vor ganz langer Zeit, sagte: SIE zu erobern. Aber wenn ich sage, dass es früher leichter war, dann heißt das nicht, dass der Sieg leicht zu erringen war. Im Gegenteil, diejenigen, die vor dreißig Jahren ein aktives Geschlechtsleben führten, erinnern sich gut daran, dass sie den Sieg buchstäblich im Nahkampf erringen mussten.

Das Mädchen ergab sich stückchenweise. Zuerst eroberte man die Hand. Das hieß dann »Händchen halten«. Das Herz stockte einem – wird sie es zulassen? Und wenn sie es zuließ – Gott, was für ein Glück. So lief man denn »Händchen haltend« herum, glücklich wie im sowjetischen Kino. Dann eroberte man das Gesicht. Das bedeutet, es begann die Rauferei um einen Kuss. Das Mädchen biss die Zähne zusammen, als wäre es kein Mädchen, sondern eine Bulldogge. Es war absolut unmöglich, ihre Kiefer zu öffnen, sogar wenn sich gerade die große Liebe anbahnte. Man musste mit List und Tücke vorgehen, die Fertigkeiten der psychologischen Kriegsführung nutzend. Der erste Kuss war beinahe immer ein Überrumpelungskuss: SIE ist abgelenkt, lässt sich hinreißen, spricht über etwas IHR Wichtiges, Wesentliches, zum Beispiel darüber, wie SIE das erste Mal im Schwarzen Meer gebadet hat, und schmatz – hat man SIE auf die Lippen geküsst. SIE pufft, knufft, beißt – doch zu spät, die Dinge sind nicht mehr rückgängig zu machen. Dann kommen die Knie an die Reihe. Händchen sind erlaubt, aber Knie nicht. Die Logik bei all dem war jedes Mal eisern. Sodann, nachdem man noch eine ganze Reihe lebenswichtiger Etappen durchlaufen hatte, begann der Hauptkampf ums Ausziehen. Er zog sich stundenlang hin und war in der Regel von ernsthafter Beschädigung der Kleidung begleitet. Wenn schließlich das erschöpfte, geplagte Mädchen, das nach dem grimmigen Widerstand fix und fertig war, sich hingab, wie man das nannte, hatte für Sex bereits keiner mehr Kraft oder Vermögen.

Sex blieb in Russland lange Zeit eine Beschäftigung für Laien. Die Männer zählten ihre Siege und die Frauen ihre Fehlschläge. Aber die einen wie die anderen haben es, mit wenigen Ausnahmen, nicht geschafft, auch nur das Einmaleins des Geschlechtslebens zu erlernen. Alles, was sich auch nur ein wenig von der gewohnten Stellung unterschied, empfand man als Perversion. Von Perversionen erzählte man mit weit aufgerissenen Augen. Den spärlichen Informationen zufolge, die sich in der Hauptsache um die Gynäkologie drehten, hatten die Menschen die kümmerlichsten Vorstellungen von ihren erogenen Zonen und wussten übrigens nicht einmal, dass sie so heißen.

Einmal rief mich ein netter Belletrist der »Sechziger-Generation« an:

»Hör mal, ich hab schon alle ›unsere Leute‹ (er nannte bekannte Namen) durchtelefoniert, und keiner weiß was. Was ist bitte, man bricht sich ja die Zunge ab, Cunnilingus?«

»In der Tat, man bricht sich die Zunge ab ...«

»Ach, *das*?!« sagte er verlegen.

War diese Generation deshalb unglücklich? Wer weiß! Der Begriff des Glücks bleibt in unserem Land unberechenbar.

Anfang der achtziger Jahre bahnte sich (noch vor allen politischen Umwälzungen) ein Prozess der sexuellen Befreiung der Frau an, der letzten Endes viele unserer Männer in eine ziemlich peinliche Lage versetzte. Die standhafte Rolle des Siegers wurde dem Mann nach und nach genommen. Selbst wenn die Frauen noch nicht gelernt hatten, ihre Wahl im Voraus zu treffen, so hatten sie sich doch zumindest eine ausreichende Anzahl von Witzen und Sprüchen zugelegt und durchschauten das männliche Spiel. Damit hatten die Männer nicht gerechnet, darauf waren sie nicht vorbereitet.

Das ganz Neuartige begann wohl mit dem Wörtchen MEHR. Was kann ein einziges Wort im Geschlechtsleben schon ändern, sollte man meinen, aber es veränderte die Beziehungen. Während in den siebziger Jahren das Wort »bumsen« zum Zeichen bevorstehender Umwälzungen wurde, erwies sich das Wörtchen MEHR, das sich von den weiblichen Lippen gelöst hatte und immer häufiger die nächtliche Stille durchdrang, als Forderung nicht so sehr der Zeit, als vielmehr der Frauen. Sie wollten auf einmal zusätzlichen Spaß, der in der männlichen russischen Preisliste nicht verzeichnet war.

Und den Mann, das muss man zugeben, überkam allein bei diesem MEHR ein unangenehmes Zittern. MEHR bedeutet: Wenn du nichts davon verstehst, lass die Finger davon, oder noch schlimmer: Du bist kein richtiger Mann. Die richtigen Männer waren verwirrt. Früher hatten sie beurteilt, gegenübergestellt, verglichen und sich amüsiert. Jetzt wurden sie selbst beurteilt.

Und jetzt ist es nicht mehr wichtig, wer wem die Unterhose runterzieht. Selbst wenn dieser Prozess nach wie vor teilweise vom Mann kontrolliert wird, kontrolliert er nicht das Resultat. Er kann unversehens auf dieses

MEHR stoßen, ausgesprochen von den geliebten Lippen, wie auf einen Vorboten der Enttäuschung. Außerdem fürchtet die Frau das Wort »Perversion« nicht mehr – und damit hat sie viele Männer völlig verschreckt, weil sie etwas berührt hat, worüber diese früher nur unter sich in der Männerbanja gesprochen haben.

»In den Po! In den Po!« baten die weiblichen Intellektuellen.

»Tiefer!« rief die kulturologische Blondine und schob die Pobacken auseinander.

Das Volk erkannte sich selbst nicht wieder.

Aus einem Spiel für Laien verwandelt sich der Sex in einen Profisport. Ob die russische Frauenmannschaft die Männer besiegen wird, ist schwer zu sagen, aber man muss zugeben, dass die Frauen an der Schwelle zum Orgasmus gelernt haben, das Wort MEHR mit fester Stimme auszusprechen.

Der Tod des Schriftstellers K.

Auch Playboys sind sterblich, und wenn mir jemand sagt, dass der Tod kein Playboy-Thema sei, dann wiederhole ich das, was ich eben schon gesagt habe. Übrigens wird es hier nicht um den Tod eines Playboys gehen. Das heißt, in seiner Jugend war er doch ein Playboy oder zumindest teilweise. Vor vielen Jahren, als wir uns kennen lernten, traf ich ihn oft im Atelier zweier fröhlicher, avantgardistisch angehauchter Bildhauer, er mit Gitarre in der Hand, leicht unanständige Lieder singend, umgeben von Flaschen und Frauen. In diesem Kreis nannte sich Sex machen: *erste Hilfe leisten*, und auch er scheint nicht selten welche geleistet zu haben. Manchmal verschwanden sie ganz plötzlich lachend mit den Frauen, und ich fuhr mit dem Obus nach Hause – in ihren Augen war ich noch klein.

Dann wurde alles anders. Den Schriftsteller K. (nennen wir ihn so), der zehn Jahre früher als ich in die trüben Gewässer der heimischen Literatur eingetaucht war, befielen Zweifel an seiner Berufung als Playboy, oder vielleicht war das ja auch nie seine Berufung gewesen. Nicht, dass er sich ganz in sich zurückzog oder sich absonderte, aber irgendwie begann er über Gut und Böse nachzudenken, wie es sich vielleicht für einen russischen Schriftsteller gehört. Er saß weniger in irgendwelchen Ateliers herum und ging öfter in den Wald, auf der Suche nach Pilzen, frischer Luft und frischen Gedanken. Er wurde selbst frischer und beinahe rotbackig und bekam weiche, angenehme Augen.

Und da, irgendwann in den ausgehenden Siebzigern, fand in der Literatur, in unserer Kultur überhaupt, eine

Neuvermessung des Territoriums statt: Die einen reichten dem *Satansbraten* die Hand (so heißt eine meiner frühen Erzählungen), einem verbalen Bacchanal also oder, wenn man so will, vielleicht gar der Sucht nach dem Bösen; und die anderen – auch sie meine Altersgenossen – beschlossen, sich lieber an das Gute zu halten, an das Ideal.

Unter den Letzteren befand sich auch der Schriftsteller K. Er war ein talentierter Mensch und verwirklichte sich wahrscheinlich nicht zufällig in der Kinderliteratur, denn in der Kinderliteratur muss man per definitionem ein gutherziger Schriftsteller sein.

Und so entstanden in der Kultur parallele Lebenswege; eine Konkurrenz gab es da eigentlich nicht, aber es gab Widerstände und im Zusammenhang damit alle möglichen moralischen Probleme. Der Schriftsteller K. hat nie über mich geschrieben, dass ich ein Satanist und Pornograf sei, wie das bei seinen Genossen in der gutherzigen Literatur öfter der Fall war, doch mir scheint, dass er im Tiefsten seiner Seele mit ihnen einer Meinung war. Wenn wir uns begegneten, was immer seltener und zufälliger vorkam, streckte er mir herzlich seine warme Hand entgegen, aber in seinen Augen war immer weniger Herzlichkeit, und er empfand keinerlei Freude über unsere Begegnungen. Er war übrigens wirklich bemerkenswert begabt, und als meine Generation Kinder bekam, lasen alle mit wenigen Ausnahmen ihren Kindern seine gutherzigen Bücher vor, und die Kinder verehrten ihn heiß und wollten immer mehr von ihm lesen.

Einmal, es war im Vorraum des Literaturhauses, wurde er seiner Angewohnheit untreu, sich bei unseren Begegnungen gleichgültig zu verhalten, klopfte mir sogar auf die Schulter, wir gedachten der Abende im Atelier und – na ja, wir vergossen nicht gerade Tränen, aber wir waren gerührt. Doch sein Verhalten hatte erstens etwas zweifellos Alkoholisiertes und zweitens sogar etwas gewissermaßen Eigennütziges, denn er wollte mich irgendeiner schönen jungen Dame vorstellen, die offenbar eine mir geneigte Leserin und zugleich der Traum seines Lebens war.

Diese freundliche Begegnung änderte im Grunde nichts, und als wir uns ein weiteres Mal über den Weg liefen, sah mich der Schriftsteller K. absolut kühl an. Er brauchte mich nicht mehr. Das gemeine Leben indes versetzte uns noch einmal in eine seltsame Lage. In der Zeit der Perestroika kamen Kinderbücher aus der Mode; jedenfalls hörten die Verlage auf, sie im früheren Umfang zu drucken, und überhaupt lag die ganze Literatur des Guten darnieder. Dafür erwies sich die russische Postmoderne im Einklang mit gewissen weltweiten Stimmungen, und sie wurde überall gedruckt und ich ebenfalls.

Die Satanisten kauften sich Autos, und die gutherzigen Schriftsteller fuhren weiterhin mit der Metro. Die Satanisten bereisten die Welt und sahen vieles, und die gutherzigen Schriftsteller gingen weiterhin in den Wald Pilze suchen. Das Ende der göttlichen Gerechtigkeit schien angebrochen zu sein. Schließlich suchte der Schriftsteller K. bei einer bestimmten Schriftstellerkommission wegen Mittellosigkeit um Unterstützung an, und ich glaube, ihm wurde ganz anders, als er erfuhr, dass auch ich in dieser Kommission saß. Er erhielt natürlich die Unterstützung, aber allein die Bitte um Unterstützung traf mich – im philosophischen Sinne. Und ich hatte Lust, ihn zu einem *Männergespräch* zu bitten, aber nur so, damit er nicht gekränkt war, und mich ihm irgendwie zu erklären und ihm zu erzählen, dass … mitzuteilen … tja, aber was eigentlich?

Es gibt Tode, die einem nicht in den Kopf wollen. Es gibt Menschen, die nicht sterben sollten. Der Schriftsteller K. ist vor kurzem gestorben. Überraschend. Plötzlich.

Er ging gegen die Zeit. Und wir schwimmen also mit der Strömung? Oder was?

Böcke

Bei uns in Russland ist es irgendwie so gekommen: Wen man auch nimmt, alle sind Böcke[4].

Die Vorgesetzten sind Böcke.
Die Untergebenen sind Böcke.
Die Demokraten sind Böcke.
Die Kommunisten sind Böcke.
Die Intellektuellen sind Böcke.
Die Jugendlichen sind Böcke.
Die Arbeiter sind Böcke.
Die neuen Russen sind Böcke.
Die Rentner sind Böcke.
Die Wissenschaftler sind Böcke.
Die Bauern sind natürlich auch Böcke.

In der Armee gibt es lauter Böcke, vom Soldaten bis zum General.

Der Präsident – klare Sache – ist der größte Bock.

Das alles gibt gewissermaßen zu Vorsicht Anlass. Es gleicht einer Epidemie. Es sieht ganz so aus, dass wir in einem absoluten Bocksstaat leben, in dem die Mehrheit von uns doppelte und dreifache Böcke sind, weil sie verschiedene Bocksrollen in sich vereinigen. Früher waren trotz allem nicht alle Böcke. Eine Ausnahme wurde beispielsweise für Kosmonauten gemacht. Es hätte wohl kaum jemand Gagarin einen Bock genannt. Aber jetzt sind auch die Kosmonauten Böcke. Und die Dichter sind ebenfalls Böcke. Und die meisten Popsänger sind auch Böcke. Sogar die Ausländer in Russland, bis vor kurzem noch privilegierte Leute, sind inzwischen auch Böcke, nicht besser oder schlechter als die Einheimischen.

Andererseits wurden viele verblichene historische Persönlichkeiten Russlands wie zum Beispiel Lenin in die Bockskategorie aufgenommen. Wir haben eine Bocksvergangenheit. Bocksverhältnisse herrschen auch an der Geschlechterfront. Wenn man bedenkt, dass eine nicht geringe Anzahl der russischen Frauen alle russischen Männer für Böcke hält, so verschlimmert sich die Situation noch weiter, und alles, was in Russland passiert, ist dementsprechend folgerichtig.

Bock ist ein Stinkewort, ein hartes Schimpfwort, stärker als manche obszönen Flüche. Vielleicht ist es gegenwärtig das am meisten verbreitete russische Schimpfwort. Es kennt keine Altersgrenzen. Sogar die Zöglinge in Kindergärten benutzen es.

Wenn also die männliche Bevölkerung des Landes unter den Bocksartikel fällt, dann muss man mit uns wohl auch bocksgerecht umgehen. Erstens kann man einen Bock absolut nicht lieben. Auf keinen Fall. Nur Perverse, Verrückte mit sodomitischen Phantasien lieben Böcke. Zweitens kann es einem Bock gegenüber keinerlei Respekt geben. Schließlich tut es einem nicht Leid, einen Bock zu schlachten. Der Bock ist kein Freund des Menschen. »Bocksgesang« bedeutete bei den alten Griechen »Tragödie«. Und das bedeutet, dass es für unser Land keinerlei Zukunft geben wird. Böcke haben keine Zukunft. Das lässt sich kaum bestreiten.

Sollte man nicht doch an der ursprünglichen These zweifeln? Ein Schimpfwort ist noch kein Spitzname. Mögen wir auch Böcke sein, aber wir sind Böcke in

Anführungszeichen, das heißt ausschließlich in metaphorischem Sinne. Aber das ist wenig tröstlich, da der metaphorische Bock aus der Seele stinkt, was ebenfalls schlimm ist.

Kann man aber mit einigem Recht behaupten, dass wir keine Böcke sind? Welche Beweise unseres Nichtbockseins sind wir bereit, unseren Freundinnen und Frauen zu erbringen? Wer hat sich denn nicht im Tiefsten seines Herzens schon einen Bock genannt? Wer hat sich nicht schon einmal für seine Bockszugehörigkeit geschimpft? Das Bocksbewusstsein steckt in jedem von uns. Das ist die Wurzel des Problems. Der Bock will alle anderen als Böcke sehen. Sonst ist es ihm peinlich.

Gibt es irgendeinen würdigen Ausweg aus dieser Situation?

Wir sind ein auserwähltes Volk, das schamanistische Beschwörungen liebt. Wir müssen uns alle zusammentun, Jugend und Milizionäre, kommunistische Rentner und neue Russen, und singen:

Wir sind keine Böcke.
Böcke sind wir nicht.[5]

Das muss man bis zum Gehtnichtmehr wiederholen, mit der entsprechenden musikalischen Ausgestaltung, als Rap zum Beispiel. Oder mit Tam-Tam-Begleitung. Leiser und lauter, schnell und langsam, nachdenklich und gedankenlos, aber so, und das ist die Hauptsache, dass es allen Spaß macht:

Wir sind keine Böcke.
Böcke sind wir nicht.

Dann ist alles in bester Ordnung.

Zwischen Bett und Sofa

Tschechow ist bis heute einer der undurchsichtigsten Schriftsteller der russischen Literatur. Sein Geheimnis besteht darin, dass er immer allen passte.

Den Roten und den Weißen, den Progressiven und den Konservativen, den Atheisten und den Kirchenmännern, den Moralisten und den Zynikern. Mehr noch, Tschechow wird von beiden traditionell unversöhnlichen Strömungen des russischen Denkens angenommen: von Westlern und Slawophilen. In dieser Hinsicht ist Tschechow wahrlich einzigartig.

Vielleicht, weil er biegsam ist wie ein Weidenzweig? Nein, er ist nicht biegsam. Er ist absolut unbiegsam.

Sogar in den härtesten stalinistischen Zeiten verschwanden Tschechows Texte nicht im literarischen GULag, wo man Dostojewskis »Dämonen« finden konnte, Tolstois und Gogols religiöse Traktate, Puschkins erotische Gedichte. Die strengsten Theoretiker des sozialistischen Realismus ernannten Tschechow zum vorbildlichen Schriftsteller, waren auf ihn, den Feind der Spießbürgerlichkeit und Freund Gorkis, stolz.

Zugleich bezogen sich viele Dissidenten der poststalinistischen Epoche auf Tschechow als Lehrer des Lebens, als Schriftsteller, der ihnen geholfen habe, sich den ganzen Schrecken, die ganze Lüge der Sowjetmacht bewusst zu machen, der ihnen Kraft für den nicht leichten Kampf gegen das Regime gegeben habe.

Schaut man sich die vorrevolutionäre Zeit an, so wird Tschechow auch da einträchtig von unterschiedlichen literarischen Parteien angenommen. Der Philosoph Lew Schestow begrüßte Tschechow als Sänger der Verzweiflung – das war für diesen Entlarver verlogener Werte durchaus großmütig – und verdächtigte ihn nicht der moralischen Verlogenheit, was Dostojewski beispielsweise tat. Mereschkowski und Rosanow betrachteten Tschechow zärtlich, und sogar extreme Strömungen der russischen Avantgarde wie die Futuristen hatten es nicht besonders darauf abgesehen, ihn »vom Dampfer der Moderne zu stoßen«.

Auch im Ausland wird Tschechow verwöhnt: Man übersetzte ihn früh und viel und überall in Dutzende von Sprachen, man liebt seinen Stil, die Lakonie, den Impressionismus, die unnötigen (*scheinbar* unnötigen, in Wirklichkeit nötigen) Details – jeder hat seine Vorlieben. Man schätzt ihn hoch, stellt ihn neben die Allergrößten. In Tschechows Dramen findet man die Keime des absurden Theaters. Mit Tschechow haben unzählige Generationen von Slawisten Russisch gelernt.

Kurzum, everybody's darling.

Die Schriftsteller meiner Generation heißen ihn ebenfalls willkommen.

Neulich allerdings sahen sich die Kenner nicht normativer Lexik und zynischer Äußerungen von Tschechow enttäuscht, als in der Zeitschrift »Literaturnoe obosrenie« bisher unveröffentlichte »erotische« Briefe von Tschechow abgedruckt wurden (trotz allem hatte auch Tschechow seinen kleinen erotischen GULag). In diesen Briefen outet sich Tschechow als Kenner und Liebhaber des Sexuallebens, er gibt an mit seinen Abenteuern in Japan und Ceylon, erzählt Details oder räsoniert einfach darüber, wie schwer es sei, auf dem Sofa Liebe zu machen – im Bett sei es sehr viel bequemer.

Nach der Lektüre dieser bemerkenswerten Überlegungen über Bett und Sofa, die leicht geschrieben waren, ironisch und mit einem Anflug von Zynismus, dachte ich darüber nach, warum Tschechow groß ist.

Weil er die Wahrheit sagt. In der Tat ist es bequemer, eine Frau im Bett zu »verknuspern«, wie er sich ausdrückt, als auf dem Sofa, das entweder zu weich sei oder zu schmal, jedenfalls habe man nur Ärger damit.

Diese Mitteilung enthält keine besonders neue Information. Die Vorzüge des Betts gegenüber dem Sofa kennt jeder Slawophile und jeder Westler, man kennt sie in Frankreich wie in Argentinien, und alle würden Tschechow zustimmen.

Aber es ist eins, ihm zuzustimmen, und etwas anderes, es zu bemerken und selbst darüber zu schreiben. Es mangelt weder an Stil noch einfach an Talent. Anderen Schriftstellern ist es um die Zeit schade. Sie sind beschäftigt mit dem Äußern paradoxer Gedanken, sie ziehen es vor zu betonen, dass es bequemer sei, mit einer Frau auf dem Sofa zu schlafen als im Bett, und das ist bereits ein niemandem mehr verständlicher Postmodernismus oder gar etwas noch Rätselhafteres.

Sie sind beschäftigt, und Tschechow ist frei. Er ist ein freier Schriftsteller. Er ist frei, über jede beliebige banale Sache zu sprechen.

Einmal hat er mich mit einem Brief verblüfft, in dem er irgendjemandem erzählt, er könne über alles Mögliche eine Erzählung schreiben, wenn es sein müsse, auch über einen Aschenbecher.

Jammerschade, dass er das nicht getan hat. Das wäre eine der besten Tschechow-Erzählungen geworden.

Er hätte wahrscheinlich darüber geschrieben, dass ein Aschenbecher dazu da ist, die Asche abzustreifen, dass er in der Hinsicht bequemer ist als ein Klobecken, in welchem die Zigarettenstummel nur herumschwimmen und nicht untergehen wollen.

Und alle hätten gesagt: Wie wahr! Wie richtig bemerkt! Und jene Slawophilen und Westler, die Franzosen und wer auch immer, alle hätten Tschechow zugestimmt, denn man kann dem schwerlich nicht zustimmen. Ebenso schwer wäre es, nicht zuzustimmen, dass spießbürgerliche Ideale langweilig, widerwärtig und nicht auszurotten sind, dass es in der Steppe keinen Schatten, im Wald aber welchen gibt, dass eitle Menschen banal sind und banale eitel, dass es Frauen gibt mit raubtierhafter Schönheit, aber auch angenehme Damen mit Hündchen, die uninteressante provinzielle Ehemänner haben und in einen Kurort fahren und zufällig mit fast unbekannten Männern schlafen, wobei es ihnen im Bett bequemer ist als auf dem Sofa, aber trotzdem sind sie *danach* verwirrt und sitzen mit dem Gesicht einer Sünderin am Tisch, und die fast unbekannten Männer essen postorgastisch von einer Wassermelone.

Wie wahr! Wie richtig! Wie langweilig und süß doch das Leben ist!

Andererseits: Manchmal hat man solche Lust, irgendjemanden eben auf dem Sofa zu verknuspern und auf Bett und Tschechow zu pfeifen.

Nacktbadestrand

Der Winter liebt die Seele, und der Sommer – den Körper. Jedenfalls kommt man im Sommer um den Körper nicht herum, er drängt sich vor und beginnt sich zu entblättern, womit er seine Rechte geltend macht. Das ausgehende Jahrhundert hat reihenweise Tabus zerstört, und auch der Körper hat seine Befreiung erreicht und sich zum Modethema erklärt. Lieder werden darüber verfasst, Künstler bemalen ihn. Diejenigen, die weder singen noch malen können, rekeln sich an den *Nacktbadestränden*.

Der Nacktbadestrand bietet nicht weniger Futter zum Nachdenken als ein Wachsfigurenmuseum. Im letzten Sommer habe ich einige solcher »Museen« besucht: in Kalifornien, auf der italienischen Insel Elba, am Berliner Wannsee und schließlich auf der ehemals russischen Krim.

Die Entblößung des Körpers bedeutet im Grunde eine Entblößung der Kultur; jede Kultur zieht sich auf ihre Weise aus. Die Amerikaner zum Beispiel sind in entblößter Gestalt auf einmal sehr viel witziger als in bekleidetem Zustand und erinnern sich an all die Witze und Anekdoten, die sie irgendwann in der Schule gehört haben. Bei alldem verlieren sie nicht ihre Geschäftigkeit und reiben sich selbst und gegenseitig mit Sonnenschutzcremes ein, was sie letztlich aber nicht daran hindert, sich ganz fürchterlich die Haut zu verbrennen. Dann zeigen sie mit Fingern aufeinander und sagen lachend, dass sie *rot wie Krebse* seien. Und obwohl das als Scherz gemeint ist, erinnern sie in der Tat irgendwie an Krebse – aus

Knetgummi, das in der Sonne an den Rändern »angeschmolzen« ist.

Die Insel Elba ähnelt durchaus nicht einer steinernen Wüste von Tränen, die vor dem geistigen Auge auftaucht, wenn man an die Verbannung Napoleons denkt; sie ist eine subtropische Orangerie mit herrlichen Stränden, und die Nudisten halten den exotischsten Strand zwischen Felsen besetzt. Der nackte italienische Mensch, wer er auch sei, Mann oder Frau, *zeigt sich gern*, von Natur aus, und er/sie tut alles, damit man ihn/sie in seiner/ihrer ganzen Pracht bemerke und entzückt sei. Die italienischen Genitalien beiden Geschlechts verströmen die reine Feuchtigkeit der Hochrenaissance. Dabei sehen die Italiener im Unterschied zu den Amerikanern nicht verbrannt aus, sondern überziehen sich mit so einer gleichmäßigen Schweizer Schokoladenbräune, dass man kaum an sich halten kann, nicht reinzubeißen.

Der Wannsee ist ein geschichtsträchtiger Ort. An seinen Ufern fand 1942 die berühmte Konferenz der Nazi-Führung statt, wo der Beschluss zur »Endlösung der Judenfrage« gefasst wurde. Und schon drei Jahre später, im siegreichen Jahr 1945, war der Wannsee voll von deutschen Leichen. Laut Augenzeugenberichten gingen russische Soldaten eben hier angeln, die Amerikaner taten dies aus irgendeinem Grunde nicht, dafür gingen sie segeln. Jedem das Seine.

Heutzutage gibt es im Wannsee keine Leichen, und darin zu ertrinken ist ebenfalls sehr schwierig: Die deutschen Rettungsschwimmer arbeiten dermaßen effektiv, dass sie die Leute zu retten beginnen, bevor diese noch ans Ertrinken gedacht haben. Da bei den Deutschen alles wohlgeordnet abläuft, ist der Nacktbadestrand bis ins Kleinste organisiert; hier kann man gut sehen, wer wer ist und mit welchen Werten wir das 20. Jahrhundert verlassen.

Sie liegen aufgereiht, gestapelt wie die Holzklötze und setzen ihre rötlichen, sommersprossigen Körper der überhaupt nicht italienischen Sonne aus. Die Deutschen pflegen eine uralte nudistische Tradition, sie haben es nicht nötig, Witze zu reißen, wenn sie sich ausziehen. Wenn man aber genauer hinschaut, dann sind die Holzklötze doch verschieden und lassen sich kategorisieren.

Es überwiegen die familiären Tugenden. Nackte Papas und nackte Mamas spielen mit nackten Kinderchen im Sand. Diese nackten Kinderchen würden sich niemals für die menschliche Anatomie interessieren, weil sie die schon vor der Schule in und auswendig kennen, und eine nackte Frau ist für sie dasselbe wie eine nackte Ziege oder ein nackter Fisch.

Da spielt eine nackte Mutti mit der nackten fünfzehnjährigen Tochter Badminton – dieses Spiel bringt sie einander näher, der Wind bläst den Ball davon, aber bei ihrem Spiel sind sie durchaus nicht allein.

Sie werden intensiv von einer anderen Kategorie der Nacktbadestrandbesucher beobachtet – von Männern unterschiedlichen Alters mit einem hervorstechenden Merkmal: der dunklen Brille. Das sind die *Voyeure*, diejenigen, die heimlich zugucken. Im Unterschied zu den einfachen Holzklötzen interessieren sie sich für Anatomie (eigentlich erfreulich), was auch deutlich sichtbar ist. Apropos »sichtbar«. Die Kategorie *Voyeure* wird durch Gleichgesinnte mit umgekehrtem Vorzeichen ergänzt: Exhibitionisten. Männlichen und weiblichen Geschlechts, sie sind leicht zu erkennen, denn sie können nicht ruhig liegen: Sie drehen sich permanent um, wälzen sich hin und her wie in der Bratpfanne. Dabei schauen sie einem in die Augen, kläglich und einladend zugleich.

Wenn am Ufer ein Kasten Bier herumsteht, sind Jugendliche nicht weit. Auch sie unterscheiden sich ein wenig von den Holzklötzen. Sie sind an den Strand gekommen, Jungen und Mädchen, um ein bisschen Spaß mit ihren Körpern zu haben. Unter ihnen habe ich fast nie wirklich hübsche Mädchen gesehen.

Die Schwulen, glatt rasiert wie Rekruten, Ohrringe in den Ohrläppchen, stehen gern paarweise bis zum Hals im Wasser. Sie kommen nur ungern aus dem Wasser heraus.

Die Nudisten-Profis (es sind nicht allzu viele) erkennt man nicht so sehr an ihrer Bräune, als vielmehr an den gebleichten Haaren an Armen, Beinen und auf dem Kopf. Sie wirken so natürlich ohne Kleidung, dass man meinen möchte, sie trügen Overalls.

Viele einsame Frauen. Unbestimmtes Alter. Allesamt liegen sie auf dem Bauch, die starke Brille auf der Nase, und lesen, lesen. Diese Leserinnen sind überzeugt, dass sie auf niemanden warten, doch im Unterbewusstsein warten sie auf ihren Godot, der eines Tages dem Schaum des Wannsees entsteigen wird. Kaum, dass sie zumindest einen Slip angezogen haben, sehen sie auch schon schlanker und anziehender aus.

»Bei uns in Deutschland haben sie in der letzten Zeit angefangen, die Gefängnismauern durchsichtig zu machen, anders als bei Ihnen in Russland«, sagte mir eine junge Berliner Slawistin, als das Gespäch sich um Nacktbadestrände drehte. »Aber sind die Gefangenen dadurch glücklicher geworden?«

Was soll's, unglücklicher wohl auch nicht. Nur dass die Zerstörung jedes Tabus, einschließlich des Nacktheitstabus, neue Probleme entstehen lässt, wo andere verschwunden sind. Es existiert ein gewisses Gleichgewicht der Probleme, das unter anderem das Leben der Menschheit prägt. Und dennoch – ein durchsichtiges Gefängnis ist immer noch besser als ein russischer Knast.

Jalta ist wahrscheinlich der sexuellste Kurort Europas. Er ist nicht zur Erholung da, sondern wie geschaffen für pausenlose Zechgelage, verrückte Romanzen, schlaflose Nächte, gefährliche Kontakte. In der Luft hängt der Geruch von Sünde und Buchsbaum. In den Diskotheken wird getanzt, als sei es das letzte Mal. Das fröhliche Kreischen der nackt badenden Schönen ist wie das Zirpen der Zikaden, das Meeresrauschen und der Sternenhimmel ein nicht wegzudenkender Teil der Jaltaer Nächte. Wenn Sie nach einem nächtlichen Bad ein Mädchen nach Hause begleiten und ihr eine gute Nacht wünschen, wird sie mit dem Gedanken einschlafen, Sie seien impotent. Hauptsache, Ihr Herz hält durch, denn Alkohol und Sex sind in Jalta so eng miteinander verknüpft, dass das eine ohne das andere nicht geht.

Was bedeutete eigentlich Jalta im russischen Bewusstsein? Jalta – das waren unsere *heimatlichen* Subtropen, ein Bikini-schmaler Streifen Erde mit Weinstöcken und Zypressen, und jede mickrige Palme an der Promenade von Jalta flößte uns ein seltsames Gefühl von Stolz ein, dass unser kaltes, endloses Land ein eigenes warmes Plätzchen besaß, was wiederum die stereotype Vorstellung von Russland zerstörte, uns einlullte und das Leben irgendwie weniger schrecklich erscheinen ließ.

Auf Jaltas Hauptplatz steht wie ehedem Genosse Lenin in einem warmen, nicht gerade saisongemäßen Mantel. Von granitenem Schweiß überströmt, weist er den Krimbewohnern irgendeine rätselhafte Zukunft.

Ich laufe mit meiner sich schälenden Nase, in geflickten Latschen und schwarzen Shorts am *wilden Strand* entlang. Der wilde Strand ist die Antwort der Krim auf den Nudistenstrand, aber es ist ein besonderer Ort. Dort gibt es keine Rettungsschwimmer, keine Gesetze. Dort kann man ins Meer hinausschwimmen, so weit es einen gelüstet. Dort laufen wilde Hunde herum (einer hat mich beißen wollen, es sich aber frühzeitig anders überlegt), dort trinkt man in der wilden Sonne warmen, stinkenden Wodka und macht gar Liebe unter aller Augen.

Ich habe den Mund nicht mehr zugekriegt ob solcher Freizügigkeit. Und es war klar, dass das Territorium der Ex-UdSSR genau das ist – ein wilder Strand, und dass nicht wenig Zeit wird vergehen müssen, bis die wilden Hunde zahm, und die Menschen – zivilisiert sind.

Der Spielbergsche Saurier

(Das sowjetische Imperium der Gefühle)

Der alte Kosak aus dem Kuban – glatzköpfig, mit vorstehenden Augen und umherirrendem Lächeln, in seiner Glaubwürdigkeit einem prähistorischen Saurier aus einem Spielbergfilm ähnlich – erscheint wirklich wie ein Wunder der Computergrafik. Als sei er lebendig, greift er sich an den Kopf, wedelt mit der Hand und äußert sogar zusammenhängende Sätze. Ich sitze einen halben Meter von ihm entfernt, aber es fällt mir schwer, an seine reale Existenz zu glauben. Alle glauben, er sei schon lange tot, und ihm ist das gerade recht. Das einzig Unangenehme ist die absolute Einsamkeit. Im Kampf dagegen hat er sich ein dürres Kätzchen angeschafft und es Terenti getauft – zum Gedenken an seine verstorbene Frau, auf deren Vatersnamen er sich bei der Namensgebung seltsamerweise beruft. Nach seinen Worten hat sich die Seele seiner Frau in dem zärtlichen Geschöpf niedergelassen. »Sie glauben an Seelenwanderung?« – »An nichts *dergleichen* glaube ich«, antwortete mir der Spielbergsche Saurier, »aber in diesem Fall glaube ich daran. Und meinen Sie etwa, dass unser Patriarch, dass der gläubig ist? An seinem Bauch sieht man schon, dass er ungläubig ist.«

Der Mann, der für seine verstorbene Frau, nicht aber für den Patriarchen eine Ausnahme macht, ist der absolute Klassiker der sowjetischen Literatur, ausgezeichnet mit drei Stalinpreisen. »Ich hatte so viele Freunde«, sagt der 86-jährige Semjon Petrowitsch zu mir, »dass sie nicht in den großen Saal eines Restaurants passten. Und heute klingelt das Telefon manchmal wochenlang nicht.« Den Namen Babajewski kannte in den fünfziger Jahren jeder Sowjetbürger. Sein »Kavalier des Goldenen Sterns«, den Stalin für den besten Roman über Kolchosbauern hielt, machte einen unauslöschlichen Eindruck auf die Leser in der UdSSR und anderen volksdemokratischen Ländern. Eine Gruppe von Offizieren der Sowjetarmee, die den Romanhelden für eine lebende Person hielten, schrieb ihm einen begeisterten Brief und bestätigte damit erneut den Glauben der Russen an das Wort: »Sehr geehrter Sergei Timofejewitsch«, schrieben die Offiziere, »wir haben den Roman von Semjon Babajewski gelesen, lebhaften Anteil an Ihren großen Taten genommen, und Ihr Feuereifer im Namen unserer geliebten Heimat hat uns sehr bewegt.« Von chinesischer Seite schrieb der Bauer Liu Chang Lin im Namen aller Mitglieder der landwirtschaftlichen Kooperative Chung Yuan im Dorf Shao Hong einen Brief und bat darum, für die Hilfe beim Aufbau eines besseren Lebens »dem Kavalier des Goldenen Sterns Tutarinow unsere Dankbarkeit auszudrücken«.

Die Literatur war die Zarin der stalinistischen Ideologie und brauchte den idealen Schriftsteller. Semjon Babajewski wurde es. Ganz richtig schrieb die damalige Kritik, der schöpferische *Erfolg* Babajewskis erkläre sich »vor allem dadurch, dass dem Schriftsteller bei seiner Arbeit die lenkende Hand der bolschewistischen Partei geholfen« habe. Auf der Allunionskonferenz junger Schriftsteller im März 1954 beurteilte Babajewski selbst die Bedeutung der berühmten Rede Schdanows, die die Werke Achmatowas und Soschtschenkos vernichtete, folgendermaßen: »Die Idee für den ›Kavalier des Goldenen Sterns‹ hatte ich schon, bevor die Resolution rauskam, die ersten Kapitel waren bereits geschrieben. Aber ich muss sagen, dass die Idee nicht richtig war. Und gerade in dem Moment verabschiedet das ZK der Partei diese Resolution, als hätte es gewusst, dass es im Kuban einen Schriftsteller gibt, der verwirrt ist und nicht weiß, wie er schreiben soll.«

Babajewski löst sich dermaßen auf in der mythologischen Verbindung von Partei und Literatur, dass für ihn all jene Zweifel ausgeschlossen sind, von denen die erste Generation der sozialistischen Realisten zerrissen war. Er trat niemals »seinem eigenen Lied auf die Kehle«[6]. Semjon Lipkin, ein Dichter der älteren Generation, erzählte mir, Fadejew[7] sei entsetzt gewesen über den »Kavalier«; was Primitivität betrifft, habe er den Roman mit einem »Küchenschemel« verglichen. Die zweite (und wie sich herausstellte, letzte) Generation von Sozrealisten ging in die Sowjetliteratur ein, das waren die Küchenschemel-Schriftsteller, Autoren von beispielloser Stümperhaftigkeit. Als man den Roman für den Stalinpreis nominierte, wurde dies von Fadejew eifrig unterstützt, der öffentlich erklärte, es gebe unter den Schriftstellern noch »feine Pinkel«, die unfähig seien, die Bedeutung solcher Werke zu begreifen.

Im Unterschied zu dem Selbstmörder Fadejew tut Babajewski nichts Leid. Über seinem Arbeitstisch hängt ein Paradeporträt von Stalin, und als die Sowjetmacht am Ende war, hörte er auf zu schreiben. Semjon Petrowitsch wurde in einer Kosakenfamilie geboren, in der man nicht lesen und schreiben konnte, er war Autodidakt und begann schon früh Erzählungen im Stil Gorkis zu schreiben. Er studierte am Moskauer Literaturinstitut, während des Krieges war er Kriegsberichterstatter. Dann hatte er die zündende Idee, einen Roman über einen Panzerkommandeur zu schreiben, einen Helden der Sowjetunion, der aus dem Krieg in sein heimatliches Kosakendorf zurückkehrt und beschließt, in Rekordzeit unter Einsatz von Stoßbrigaden ein Wasserkraftwerk zu errichten.

Babajewski wird niemals seine Memoiren schreiben. Er sagt, sie würden von niemandem gebraucht. Außerdem kommt er wegen altersbedingter Gedächtnisschwäche immer wieder ins »Irrenhaus«. Mir gegenüber stellte er allerdings ein außerordentlich gutes Gedächtnis unter Beweis. Von den sowjetischen Schriftstellern hob er Scholochow als »genialen Mann« hervor: »Das sage ich nicht, weil ich ihn persönlich gut kannte und wir uns duzten. Aber wie er im ›Stillen Don‹ über das Ende des Kosakentums geschrieben hat, so hat niemand sonst geschrieben. Nur redete er nicht gern über Literatur. Weiber, Trinken, Witze, über alles Mögliche konnte man mit ihm reden, aber nicht über Literatur. Er wollte nicht, wahrscheinlich hatte er genug davon.«

Vielleicht war Scholochow in seiner Beurteilung des Romans »Der Kavalier des Goldenen Sterns« deshalb auch so lakonisch: »Einmal kamen wir von einer Sitzung des Obersten Sowjets, wir verließen gemeinsam den Kreml, und ich fragte ihn: ›Was denkst du über den ›Kavalier‹?‹ Er sagte: ›Semjon, der Roman ist von Partei und Volk freundlich aufgenommen worden. Also, was soll ich noch dazu sagen?‹ Er wusste, das war *keine* Antwort, er war ein großer Schriftsteller, und ich durfte mich nicht mit ihm vergleichen.«

Der Triumphzug des »Kavaliers« begann an jenem Tag, als der Autor telegrafisch zu Schdanow nach Moskau geladen wurde: »Er fragte mich, was das ZK für mich tun könne. Sie wissen ja, was so eine Frage bedeutet. Eine Wohnung in Moskau, eine Datscha. Man hätte mir wohl alle meine Wünsche erfüllt. Aber ich habe gesagt, ich bräuchte nichts.«

»Dem Ruhm widerstehen, das musste man auch können, um nicht mit dem Trinken und Huren anzufangen.« Er widerstand. Semjon Petrowitsch schrieb fünf Bände Prosa. Aber gegen Ende kam er zu der Überzeugung, die man schon in Tolstois »Beichte« nachlesen kann: »Das Leben selbst ist das Böse.«

»Überhaupt, eine schwere Zeit erleben Sie. Ich lebe zwar auch noch, aber ich habe nicht mehr viel Zeit.«

»Warum meinen Sie, es sei eine schwere Zeit?«

»Na ja, wissen Sie, die Amerikaner sind zu beneiden; genau so müssen Politiker arbeiten. Tolle Kerle! Ohne einen einzigen Schuss ein ganzes Land zu besetzen, und was für eins! Jetzt bleibt nur noch China, aber ich bin sicher, dass die Amerikaner auch dazu noch den Schlüssel finden. Denn wir sind doch jetzt eine Kolonie geworden ... Das hat die Thatcher gemacht, mit ihr fing alles an. Erinnern Sie sich, wie Gorbatschow nach England fuhr und die Thatcher öffentlich sagte: ›Das ist ein Mann, mit dem man sich an einen Tisch setzen kann.‹

Ich habe Gorbatschow schon gekannt, da war er noch ein Kind, ich komme aus derselben Gegend, dann kannte ich ihn als Parteiarbeiter und ZK-Sekretär. Immer wenn ich zu ihm kam, umarmte er mich und sagte: ›Ach wie schön, dass Sie gekommen sind!‹ Und als er nach Moskau ging, kannte er mich nicht mehr. Na ja, aber darum geht es nicht, es geht darum, dass ich nicht begreifen kann, ob er bewusst unser Land verraten hat ... oder ob man ihn getäuscht hat. Ich glaube, wahrscheinlich hat man ihn hereingelegt. Reingelegt wie einen russischen Idioten eben.«

»Er war ein Idiot?«

»Nein, Gorbatschow war tüchtig, von Kindheit an hat er verantwortliche Arbeit gemacht. Eine gute Familie, arbeitsame Leute, und auch er ist gut, ich war froh, als er gewählt wurde. Ich habe ihm sogar ein Glückwunschtelegramm geschickt. Ich habe gedacht, jetzt ist endlich einer an die Macht gekommen, wie wir ihn brauchen. Und ich habe mich so getäuscht, mein Gott!

Ich sage Ihnen ehrlich, als wär's auf dem Totenbett, dass es eine bessere als die sowjetische Regierung nirgendwo auf der Welt gegeben hat und dass es wohl so bald auch keine bessere geben wird. Und was für eine Verleumdung – wie wenn man ein hübsches Mädchen mit Teer überschüttet, sie vergewaltigt und dann sagt: Seht her, was ihr da für ein Mädchen habt! Und genauso ist es mit der Sowjetmacht. Wir haben sie vergewaltigt, wir sie und nicht sie uns.«

Apropos Sex und Liebe. »Ich habe die Liebe in meinen Büchern schlecht beschrieben, nicht so wie Maupassant zum Beispiel oder unser Turgenjew. Ich habe selbst schlecht geliebt oder es nicht verstanden zu lieben. Aber ich habe meine Frau geliebt, mit der ich 64 Jahre lang zusammengelebt habe. Das ist nicht wenig. Sie war eine schöne Frau, ich sah auch nicht übel aus, und ich habe ihr nicht ein einziges Mal gesagt, dass ich sie liebe, und sie hat es auch nicht gesagt, denn es war ja auch so klar, wozu es dann noch aussprechen? Ich habe sie vor der Hochzeit kein einziges Mal geküsst, und sie hat mich auch nicht darum gebeten.«

Semjon Petrowitsch ist ein Herzchen von einem Saurier. Der Tod seiner Frau hat ihn überzeugt, dass das Sterben nicht so schrecklich ist (»Ich dachte, es sei schrecklicher ...«). Sein letzter Traum, im Kuban begraben zu werden, nach dem er sich so sehnt, wird sich wohl nicht erfüllen: »Ich kann ja jetzt nicht einmal hinfahren.« Er war niemals Antisemit (»die Juden sind ein talentiertes Volk«), nostalgisch erinnert er sich an seine Begegnung mit Pasternak im Jahre 1934 auf einem Literaturseminar in Malejewka (»Hager war er, ein sehr interessanter Kopf ... Und was mich noch an ihm verblüffte, war, dass ich, ein Mann vom Land, vieles von dem, was er sagte, nicht verstand.«). Nichtsdestoweniger wird Babajewski seinen Roman bis zum letzten Atemzug verteidigen:

»Nichts davon ist gelogen«, sagt er gequält, »ich habe das geschrieben, was ich gesehen habe, als ich nach der Demobilisierung in den Kuban zurückkam. Dort bauten sie ein Wasserkraftwerk, das ist bis heute in Betrieb, und da habe ich mich hingesetzt und beschrieben, wie es gebaut wurde ... Und das soll die Unwahrheit sein? Natürlich habe ich als Schriftsteller das eine oder andere hinzugefügt oder weggelassen. Ich lese gerade wieder meinen Roman, den ich zwanzig Jahre lang nicht mehr gelesen habe, und ich denke mir, wenn alles so gemacht worden wäre, wie ich es geschrieben habe, das wäre schön, das wäre ein Leben!«

»Zählen Sie sich zu den sozialistischen Realisten?«

»Hier geht eine Menge durcheinander, was eigentlich sozialistischer Realismus ist. Wenn Sie mit Ihrem Schreiben den Menschen Gutes wollen, dann ist das sozialistischer Realismus. Sagen Sie, Tolstois ›Auferstehung‹ – ist das sozialistischer Realismus oder nicht?«

»Und was meinen Sie?«

»Ich meine ja. Hat es in Russland solche reumütigen Fürsten wie Nechljudow gegeben? Ich glaube nicht. Aber Tolstoi wollte, dass es sie gäbe, solche Fürsten, und Semjon Babajewski wollte, dass es gute sowjetische Menschen gäbe, gutherzige, ehrliche, edle Menschen und nicht solche Mistkerle wie sie einem heutzutage begegnen.«

Nichtsdestoweniger lässt sich »Der Kavalier des Goldenen Sterns« kaum als *gutherziges* Buch bezeichnen. Offenbar war dem Autor ein gewisser gemäßigter sowjetischer Hedonismus von Anfang an nicht fremd (mit südrussischem Akzent; das Klima im Kuban ist dem zuträglich), der den Traum vom Kommunismus mit Borschtsch und Teigtaschen verband. Mit dem Bau eines Staudamms in seinem Buch verkündet Babajewski die Realisierung dieses Traums. Mit *unglaublicher Frechheit* erklärt er die Kolchosbauern zu den glücklichsten Menschen der Erde, in seiner Phantasie werden Sklaven zu Enthusiasten umerzogen und Abtrünnige streng bestraft. Der Kavalier des Goldenen Sterns selbst leidet an einer bösartigen Denunziantenkrankheit; er reißt die politischen »Mängel« der Bezirksverwaltung mit der Wurzel aus und nimmt danach die Macht in seine eigenen Hände. Nicht weniger resolut ist der Kavalier in der Beurteilung des bourgeoisen Auslands. Im armen und unglücklichen Polen – so der Held – konnte eine junge Bäuerin nicht von ihrem Ofen klettern, um die sowjewtischen Befreier zu begrüßen, da sie buchstäblich nackt war. Das Buch enthält den vollkommenen Verrat an den Traditionen der Kosaken; gefordert wird die Auflösung der Kosaken im sowjetischen Volk.

Den »Kavalier des Goldenen Sterns« kann man als absolut antisowjetisches Werk lesen. Denn tatsächlich bekommt der Held nur dank seines Sterns ein Zimmer im städtischen Hotel und die Genehmigung zum Bau des Wasserkraftwerks. Während in jedem anderen Land solch ein Bauvorhaben ein gewöhnliches, baulich und finanziell umzusetzendes Projekt wäre, wächst es sich in der UdSSR aus zu einem quälenden Kampf, der ohne die Unterstützung aus Moskau nicht zu gewinnen ist. Die Stalinsche Losung »alles entscheiden die Kader«, am Beispiel des Helden demonstriert, zeigt den Bankrott der Wirtschaft, den nur derjenige nicht versteht, der sich verarschen lässt.

Mit solchen »Lackierern der Wirklichkeit« wie Babajewski rechnete die liberale Kritik bereits Mitte der fünfziger Jahre schnell und erfolgreich ab. Der Spielbergsche Saurier hat jedoch diesen Furnier-Stil geboren, der, im Bewusstsein verdreht, extrem präzise die Stümperhaftigkeit und Idiotie des sowjetischen Lebens charakterisierte. Babajewski ist wohl oder übel in metaphysische Sphären aufgestiegen, denn er demonstriert gnadenlos an seinem literarischen und menschlichen Beispiel den Erfolg der wüstesten sozialen Experimente an den Menschen und deren Hilflosigkeit im Widerstand gegen diese Experimente. Auf der metaliterarischen Ebene hat sich Babajewski als ebenso unheilverkündend erwiesen wie die Antiutopien Andrei Platonows. Das Genie und der Idiot sind verbunden und miteinander verflochten wie zwei geborene Gegensätze, und »den Menschen erschien es, als erhellten die Lichter die schöne Zukunft, die vor ihnen lag« (Babajewski).

Der Witz von den zwei Killern

Ich erzählte den Witz einem ehemals bekannten osteuropäischen Dissidenten. Er wäre beinahe an einem Bankettehäppchen erstickt. Zwei Killer stehen in einem Hauseingang und warten auf ihr Opfer. Das Opfer verspätet sich. Eine Stunde vergeht, eine zweite – niemand zu sehen. Da sagt der eine Killer zum andern:

»Ich mache mir Sorgen. Hoffentlich ist ihm nichts passiert.«

Der berühmte Ausländer lachte, da er die ewigen Züge der russischen Substanz *hic et nunc* gewahrte. Ich verstehe dieses ausländische Vergnügen.

Ich erzählte den Witz einem Moskauer Bürgerrechtler, der in England lebte, aber er verstand den »Banditenhumor« nicht und litt für Russland. Wir diskutierten bis zum Morgen wie irgendwelche Brüder Karamasow.

Der Witz enthält zweifellos Sympathie für die Banditen. Hier passiert eine psychische »Anpassung« an extremistische Machos. Der Killer hat Mitleid mit dem Opfer und gerät in einen Strudel paradoxer Gedanken und Gefühle, für die das russische Volk ja berühmt ist. Das Lachen ist die Freude über das Wiedererkennen.

Den Sinn des Witzes machen indes nicht die Killer aus, sondern das zu spät kommende Opfer. Nach der historischen Logik der Dinge handelt es sich, wie die Ermittlung ergab, um Iwan den Dummen.

Früher liebte man in Russland die Trottel. Trottel waren eine Zierde des Lebens. Sie tauchten ab in die Tiefe, unter den Schutz des Staates, in den Abgrund des unausgesprochenen Widerstands. Iwan der Dumme, der nur zur Hälfte dumm ist und zur anderen Hälfte den Dummen spielt, der *trottelige*, süße Held, hat mit seinem originellen Benehmen die Gehirne befreit. Er hat gegen die vorhandene Ordnung gelebt. Diese Ordnung war, nach allgemein verbreiteter Meinung, eine schlechte Ordnung. Sie widersprach irgendetwas Wesentlichem.

Aber der Trottel wurde letzten Endes nicht mit seiner Mission fertig. Er erwies sich als ein zu *kontemplativer*, asiatischer Held. Die Wirklichkeit ist über ihn hinweggetrampelt. An die Stelle von Iwan dem Dummen sind in Russland die Banditen getreten. Mit der krankhaften Geschwulst wild gewordener Energie. Mit Dynamit. Im Volk wächst das Entzücken über ihren Professionalismus.

»Sie haben psychologisch alles so sensibel bedacht!« sagte zu mir mit masochistischer Begeisterung eine Augenzeugin des denkwürdigen Sprengstoffanschlags auf einem Moskauer Friedhof; sie hatte wie durch ein Wunder überlebt.

Die Banditenmode ist nicht einfach nur eine Mode, sondern stellt einen unabdingbaren Bestandteil des Traums dar, Iwan den Dummen in sich mit der Wurzel auszureißen, selbst der *Boss der Bosse* zu werden, wenn auch nur in einer virtuellen Realität. Ein starkes Leben zu führen. Champagner, Risiko, Verfolgungsjagden stehen immer hoch im Kurs. Und dass man gefürchtet wird. Und dass von deinem leisen Wort ein Menschenleben abhängt.

Die Romantisierung und Heroisierung der Banditen ist eine permanent neu zu erschaffende Legende aus Kultfilmen. Der Bandit ist ein Aktivist, der nicht auf milde Gaben von der Natur wartet. Die »Begeisterung« für ihn als unterbewusste Kompensierung der Angst ist für verschiedene Kulturen nur folgerichtig. Während aber in Amerika Bonnie und Clyde einen Durchbruch für die puritanische Moral bedeuten, sind die Banditen in Russland das leuchtende Vorbild für ein neues Leben.

Das sind erkennbare Symbole seiner konkreten Unerkennbarkeit. Mit seinem heutigen Banditismus ist Russland am historischen Grund angelangt. Das Land hat sich entblößt, indem es die alte Maskerade abgeworfen hat. Das nackte Russland – ohne Fremdlinge, Ideologien und Hosen – ist ein unvergessliches Schauspiel. Es bedeckt seine Scham mit einer schusssicheren Weste. Mit Auseinandersetzungen zwischen Banditen beginnt das russische Rittertum. National in der Form, stark zurückgeblieben in der Zeit. Aber der an der Rückständigkeit Schuldige ist bereits *erledigt*. Heute erschafft der Bandit mit seinem eigenen Ehrenkodex die nationale Moral ganz von vorn.

Sein Verhalten verwandelt sich in die Summe unterschiedlich gerichteter Handlungen wie im Fall mit den besorgten Killern. Ein Suworowscher[8] Übergang vom Wilden Osten zum Wilden Westen findet statt, querfeldein, unter Umgehung der Ursprünge der Zivilisation. Wir hatten niemals ein altes, vererbtes, sondern immer nur ein persönliches, quälendes *simulacre* der Europäisierung. Auch die Parteikarrieristen mussten sich die Fähigkeit aneignen, eine Krawatte zu binden und sich einen korrekten Anzug anzuschaffen, bemüht, sich in gemäßigtem Rhythmus den richtigen Schliff zu geben. Das Leben ist kurz – sie haben es nicht geschafft. Die heutigen Banditen schaffen es bei all ihren Höhenflügen ebenfalls nicht. Die Banditengelder fließen derweil ins Geschäft und machen aus dem Banditen einen Eigentümer.

Der Bandit ist seiner Natur nach übertrieben extrovertiert. Er verhilft seinen Kindern zu einer *glänzenden* Ausbildung und schickt sie nach Venedig, damit sie den Markusplatz bewundern können. Da wo Rom und Byzanz von Hand gemacht aufeinander treffen, unter dem klaren Blick des Erlösers, da durchschauen sie die ängstlichen Seelen ihrer Stammesgenossen. Die Banditenkinder kehren mit zurechtgerückten Gehirnen stark beeindruckt aus fernen Ländern zurück.

Zwei Ritter stehen in einem Hauseingang und warten auf ihr Opfer …

Wenn ich Pole wäre …

Der russisch-polnische Dialog ist eine »nutzlose Leidenschaft« wie das Leben selbst, um Sartre zu bemühen, und man nimmt unfreiwillig daran teil, allein deshalb schon, weil man zum Lebendigen gehört.

Es gibt verschiedene Ebenen dieses Dialogs. Jedes Mal vermischen sie sich wie in einem postmodernen Roman, und am Ende ist deutlich die Sackgasse zu erkennen. Da diese Sackgasse immer Verärgerung und Hoffnungslosigkeit produziert, wäre es am besten, den Mund zu halten. Wenigstens fünfzig oder auch hundert Jahre. Da ich nun aber mal begonnen habe …

Ich beginne mit dem, was nicht existiert. Es existiert kein gemeinsamer Diskurs. Die Begriffssysteme unterscheiden sich grundlegend. Stellen wir uns ein ideales Paar vor. Der Pole führt den Dialog auf der kartesianischen Ebene logischer Kategorien, sensibel gegenüber dem Problem des Widerspruchs und mit klaren Vorstellungen von seinen Interessen. Der Russe denkt aufgrund allgemeiner Vitalität, die den Widerspruch als Element des »lebendigen Lebens« integriert und die Frage nach Interessen überhaupt im Namen eines übergreifenden Sinns negiert. Den polnischen Standpunkt empfindet der Russe als eng und unangenehm pragmatisch. Entsprechend erscheint der russische Standpunkt dem polnischen Bewusstsein als nachlässig verschwommen und als verdächtig »total«.

Es geht hier um zwei verschiedene Kultur- und Zivilisationstypen, deren gegenseitige Fremdheit durch ihre direkte Nachbarschaft umso extremer empfunden wird.

Noch komplizierter wird die Angelegenheit dadurch, dass Russland keinen homogenen Kulturtyp besitzt, weshalb man nur unter großem Vorbehalt von einem russischen Bewusstsein sprechen kann.

Die Abwesenheit eines einheitlichen russischen Bewusstseins ändert freilich nichts am Vorhandensein eines russischen Staatswesens, das sich von außen betrachtet durchaus logisch mit einem »russischen Geist« assoziieren lässt, für den jeder Russe geradestehen muss. Für die Polen als nationales Gebilde ist es im Grunde unwichtig, von welchen internen Problemen die Russen gepeinigt sind. Für sie ist klar, dass es in Russland kein geglücktes Staatswesen und keine Prosperität gibt. Ein Land, das über Jahrhunderte seine Bürger zugrunde gerichtet und Monster hochgejubelt hat, verdient objektiv keinen Respekt. Schlimmer noch, Russland ist schrecklich, da es immer schon auf Polen als Land, als Kultur und als Mythos Druck ausgeübt hat.

Die Polen haben sich ein festgefügtes Bild des »*Kazáp*«[9] geschaffen, für dessen Kern sie Lebensuntüchtigkeit halten. Hermetisch und endgültig, wie es ist, lässt es Korrekturen nicht zu. Jede positive Aussage über Russen (sofern solche ausnahmsweise überhaupt vorkommen) erscheint nicht als Ergänzung zu diesem Bild, sondern als losgelöste Anmerkung, die zum Grundmodell in einem solchen Widerspruch steht, dass dieser sich durch ein spontanes Kompliment wie: »Ich kann nicht glauben, dass Sie Russe sind« psychologisch auflöst. So etwas klingt aus dem Munde eines Polen als große Auszeichnung, die man sich anständig verdienen muss.

Wie kann man auch von polnischer Russophilie reden? Das wäre eine echte Perversion.

Wenn ich Pole wäre, würde ich alles Russische abgrundtief hassen und verachten. Chaos, Dreck, der Mülleimer der Welt – und dabei wollen sie noch die ganze Welt nach ihrem eigenen Vorbild verändern. Ich würde auch die russischen Dissidenten verachten – für ihre Anhänglichkeit gegenüber Russland, für ihr ewiges, mitleidheischendes Gejammer und ihre Hilferufe. Ich würde ihnen raten, Russland zu verlassen und es möglichst schnell zu vergessen, falls es vernünftige Leute sind und keine gewöhnlichen Russen.

Was haben die Russen außer Kaviar? Wenn ich Pole wäre, würde ich die Russen fragen: »Warum könnt ihr nicht solche Fernseher produzieren wie die Japaner, wo ihr euch doch für eine große Nation haltet?« Interessant, was sie dazu zu sagen hätten.

Wenn ich Pole wäre, würde ich nicht glauben, dass die Russen eine Literatur haben. Literatur? Was für eine Literatur? Puschkin hat lauter Gemeinheiten über die Polen geschrieben. Gogol hat über die Polen noch schlimmere Gemeinheiten geschrieben, und Dostojewski ist überhaupt das Sprachrohr der russischen Autokratie, auch er hat die Polen beschimpft ... Nur Herzen war in dieser Hinsicht *ganz in Ordnung*, und Marquis de Custine war auch nicht schlecht.

Wenn ich Pole wäre, würde ich Custines antirussische Briefe ins Polnische übersetzen und dafür sorgen, dass jeder Schüler sie zu seiner Kommunion geschenkt bekommt.

Wenn ich Pole wäre, würde ich die Abtreibung für eine russische Erfindung halten.

Wenn ich Pole wäre, würde ich keiner Perestroika vertrauen, denn ich wüsste ohnehin, dass die Russen sich nicht *selbst* vom Kommunismus befreit haben, sondern bei ihnen alles einfach unter dem Druck der Amerikaner zusammengebrochen ist.

Wenn ich Pole wäre, würde ich die Artikel über russische Killer lesen und mich über das maßlose Chaos im russischen Staat freuen. Und wenn man mein Auto stehlen würde, wäre ich überzeugt, dass die russische Mafia ihre Finger im Spiel hat, womit ich sicher nicht falsch läge.

Wenn ich Pole wäre, würde ich mich freuen über den Krieg in Tschetschenien, denn er hat gezeigt, dass die russische Armee eine schwache Armee ist. Im Übrigen tut sie nur so, als sei sie schwach, denn sie bringen sich da extra selber um, um meine polnische Wachsamkeit einzulullen.

Wenn ich nicht nur einfach Pole wäre, sondern der polnische Präsident – und in Polen kann jeder einfache Pole Präsident werden –, dann würde ich nicht nur dafür sorgen, dass Polen Mitglied der NATO wird, sondern auch dafür, dass die Amerikaner bei uns ihre Atomsprengköpfe stationieren, damit die Russen wie im 17. Jahrhundert in Angst und Schrecken vor uns leben.

Wenn ich Pole wäre, würde ich zuerst versuchen, den Katholizismus in Russland zu verbreiten, dann aber einsehen, dass dies ein hoffnungsloses Unterfangen ist und unsere Leute zurückrufen.

Wenn ich Pole wäre, würde ich jenen Russen, die beleidigte Artikel geschrieben haben (Anlässlich eines Vorfalls, der sich vor einiger Zeit auf dem Warschauer Bahnhof ereignet hat. Die russische Mafia hatte russische Fahrgäste eines Zuges überfallen, woraufhin die polnische Polizei sowohl die Mafiosi als auch die Fahrgäste verprügelte, was einen politischen Skandal auslöste. Ein archetypischer Vorfall.) und ihrer Obrigkeit sagen:

»Würdet ihr herauszufinden versuchen, wer Recht hat und wer schuld ist, wenn bei euch in Moskau auf dem Kasaner Bahnhof ein Chinese den anderen beklauen würde? Eure Miliz würde vermutlich alle gleich für zehn Jahre in den GULag verfrachten?« Und die Russen wüssten nicht, was sie mir antworten sollen, denn ihr Verhältnis zu den Chinesen ist wie unseres zu den Russen, obwohl das ungerecht ist, denn die Chinesen können arbeiten und die Russen nicht.

Wenn ich Pole wäre, würde ich den Russen locker nachweisen, dass sie weder ein Gewissen, noch ein historisches Gedächtnis haben. Ich würde in Russland eine soziologische Umfrage durchführen, aus der hervorginge, dass nicht mehr als fünf Prozent der Russen Katyn kennen, und *was* da geschehen ist, das wissen noch weniger. Sie sind bis heute davon überzeugt, dass es die Deutschen waren. Bloß würde ich niemals nach Russland fahren, weil ich da nichts verloren habe.

Wenn ich Pole wäre, würde ich denken, dass die Russen weiter nichts tun, als über Polen nachzudenken. Ich würde denken: Was für ein dummes Land, sie hätten eine Menge anderes zu tun und denken nur über Polen nach. Darüber, wie sie uns erneut erobern können.

Wenn ich Pole wäre und eine Tochter hätte, die verrückt geworden wäre und einen Russen heiraten wollte, würde ich zu ihr sagen: Heirate lieber einen Deutschen oder schlimmstenfalls einen Juden.

Wenn ich Pole wäre und Redakteur einer Zeitung wie »Życie Warszawy«, würde ich verbieten, Meldungen über das Wetter in Moskau zu drucken, denn Moskau ist nicht der Ort, von dem die Polen das Wetter von morgen erfahren müssen.

Und so weiter.

Die neue Generation der Russen hat beinahe parallel zum »Kazáp« das selbstständige Bild des »Sowók«, des Sowjetmenschen, geschaffen, ein nationales Gesellschaftsmodell, bei dem allerdings der Akzent stärker auf dem sozialen und konkret sowjetischen, als auf dem nationalen Charakter liegt. Der Unterschied zwischen »Kazáp« und »Sowók« besteht darin, dass im letzteren Falle eine gewisse Hoffnung besteht, aus dem Bild herauszutreten, zumindest perspektivisch.

Die Russen haben ihrerseits historisch ein relativ sympathisches Bild des Polen konstruiert (als Gegengewicht zu dem offiziösen Image, das die russische Bürokratie fabriziert hat). Sogar die Slawophilen haben an seiner Konstruktion mitgewirkt, *malgré eux-même*; und so erging es auch Strachow[10] mit seinem unglückseligen Aufsatz »Eine Schicksalsfrage«. Der Aufsatz erschien 1863 in der Zeitschrift »Wremja« und wurde als pro-polnisch aufgefasst, die Zeitschrift wurde daraufhin verboten. Sowohl Strachow als auch Berdjajew[11] (der Anfang dieses Jahrhunderts einen Essay über die nationalen Charaktere der Russen und Polen schrieb) und noch viele andere beschrieben Individualismus, ritterlichen Geist und eine höhere Ebene der Zivilisation als verlockende Konstanten des »Polentums«.

In Russland wurde das Polenbild besonders faszinierend mit Beginn des Chruschtschowschen Tauwetters bis zum Sieg der »Solidarność«. Eine ganze Generation entbrannte geradezu in Liebe zu Polen als Vermittler westlicher Werte (Film, Jazz, Theater). Eine besondere Rolle spielte die in russischer Sprache erscheinende Zeitschrift »Polen«.

Die Russen suchten in Polen den Westen und fanden ein ihnen sympathisches Land, das ein Gefühl für Ironie,

Humor und Mut besaß. Jedes hübsche russische Mädchen behauptete, ihre Großmutter sei Polin gewesen. Die mythische polnische Großmutter war der Beweis nicht nur für erlesene Schönheit, sondern auch für aristokratische Haltung.

Leider gehört das alles der Vergangenheit an. Heute ist vielleicht zum ersten Mal seit Beginn des 19. Jahrhunderts ein stark sinkendes Interesse an Polen zu registrieren. Durch den direkten Kontakt zwischen Russland und dem Westen hat die unerwiderte Liebe der Russen zu Polen (irgendwie ähnlich der traditionellen Liebe der Polen zu Amerika) einem ausgeglicheneren, gemäßigt freundschaftlichen Gefühl Platz gemacht. Die Russen können in der polnischen Kultur keine bedeutenden Leistungen mehr finden. Die polnische Sorge um ihre politische Selbstständigkeit ruft bei bei den Russen ein ironisches Grinsen hervor: »Wozu sollten wir euch schon brauchen?« Die »neuen Russen« reagieren allergisch auf Osteuropa überhaupt, das für sie nur mehr zweite Wahl bedeutet. Allmählich ergibt sich ein bei weitem nicht mehr romantisches Bild des Polen – des »Poljatschok« (mit dem etwas erniedrigenden Diminutiv-Suffix) –, der hauptsächlich mit »Kleinkram« beschäftigt ist, aber sich nichtsdestoweniger wie eh und je für eine Schlüsselfigur hält, der sich groß tut und viel Wind macht.

Wenn Russland politisch nicht bankrott geht und ökonomisch auf die Füße kommt (und das ist möglich), dann wird es bereits zu Beginn des 21. Jahrhunderts erstmals auf Polen herabschauen, wie auf etwas »Unbedeutendes« (Heute lässt sich schon eine derartige Haltung zum Beispiel Bulgarien gegenüber beobachten). In psychologischer Hinsicht wird das für Russland angenehm sein. So würde ein ehemals verschmähter Liebhaber, der inzwischen reich geworden und sich seiner Bedeutung im Weltmaßstab bewusst ist, bei einem neuerlichen Rendezvous seine frühere Angebetete sehen, die (verheiratet mit einem anderen) ein würdiges und bescheidenes, keineswegs aber besonders lustiges oder interessantes Leben führt.

Jewtuschenko

Jewtuschenko – das ist ein Gattungsname. Vielleicht der Gattungsname schlechthin in der Geschichte der russischen Dichtkunst. Das ist kein Kompliment und keine Kritik. Das ist ein Phänomen.

Sein autobiografischer Roman »Stirb nicht vor deiner Zeit« offenbart den Ursprung des Phänomens Jewtuschenko. Jewtuschenko ist der Held eines Schauspiels verschiedenster Genres zugleich, einer eklektischen Handlung, wo das Liebesmelodram die politische Farce berührt, die soziale Show, das metaphysische Vaudeville, die Gesellschaftschronik oder schließlich den Comic. Jewtuschenko ist die zarte Seele der Massenkultur. Er ist Held und Liebhaber, Charmeur, galanter Kavalier und erotischer Sieger, dem kaum eine Frau widerstehen kann, denn er ist berühmt, aufrichtig und nicht gierig. Er mag weder Lolitas noch Prostituierte, er lechzt nach Eroberungen, er braucht Hindernisse, er mag keine Perversionen, er liebt es, klassisch zu lieben.

Vor allem aber ist er eine männliche *Ingénue* – ein treuherziger, naiver Held, der den Menschen nur Gutes will, für seine guten Taten jedoch bitter bezahlt.

In den sechziger Jahren veröffentlichte die französische Zeitschrift »Exprès« eine kurze »vorläufige« Autobiografie Jewtuschenkos. Wie ich mich erinnere, präsentierte er sich damals dem Leserpublikum als junger, romantischer Beleidiger. Nun hat er seine große, beleidigte Autobiografie geschrieben.

Jewtuschenko schrieb, in Russland sei der Dichter mehr als ein Dichter. Dies ist keine Grundsatzerklärung, sondern sein Selbstverständnis, wie es in seinem neuen Buch entwickelt wird. »Es gibt einfach Gedichte. Aber es gibt auch Gedichte wie Taten. Leider hört eine ausgefeilte, aber verspätete Tat auf, eine Tat zu sein. Aber eine Tat zur rechten Zeit kann nicht immer ausgefeilt sein.« Als Folge einer solchen Ästhetik entstehen ganze Bände von Bürgerrechts-Lyrik und der Mythos des Dichtertribuns, der sich in der Regel als weniger denn ein Dichter erweist:

Heute sind wir das Volk,
nicht nur betrogene Dummköpfe,
und heute hilft
unserem Parlament
Sacharow,
der sich schüchtern
die gesprungene Brille putzt.

Jewtuschenko hat seine Autobiografie als Roman bezeichnet, in dem er fiktive und reale Personen vermischt. Im Grunde dreht sich dieses Buch um den Putsch vom August 1991. Er schreibt ein einmaliges Kapitel aus der Perspektive des inhaftierten Gorbatschow, oder besser gesagt, aus der Perspektive seiner Gedanken, ein anderes darüber, wie Jelzin seine Socken sucht, bevor er gegen die Putschisten in den Kampf zieht. Er erzählt von berühmten Russen wie Rostropowitsch, von seiner Begeisterung für Fußball und schließlich davon, wie er seine historischen Gedichte (s. o.) auf dem Balkon des belagerten Weißen Hauses in Moskau schreibt. Aus Jewtuschenkos Buch erfährt man, dass er alle Welt kennt, und darin ist er unschlagbar: Er kennt Fidel Castro und Robert Kennedy und Solschenizyn; er war drei einzigartigen Frauen (einer Dichterin, einer Dissidentin und einer Engländerin) ein untreuer Ehemann und wurde schließlich ein treuer Ehemann für die vierte Frau, die diese Autobiografie redigiert hat.

Was einige Seitenstraßen seines Lebens betrifft, so ist er geneigt, gewisse Sünden zu beichten: Die eine Frau zwang er zu einer Abtreibung, die andere schlug er neurasthenisch in den schwangeren Bauch, was familiäre Unannehmlichkeiten nach sich zog, die zur Scheidung führten usw. Doch auf der Hauptstraße, der poetisch-politischen nämlich, ist er bereit, die Gerechtigkeit seiner Sache bis zum Letzten zu verteidigen. Eine kindliche Gier nach Ruhm ist die Dominante seines Charakters; plus die Überzeugung, dass Ruhm nie umsonst und ein Gradmesser für Talent und innere Kraft sei. In der Hinsicht ist Jewtuschenko nicht schlechter als Goethe.

An seinem eigenen Beispiel zeigt er, was man nicht tun sollte: ein von Grund auf unzulängliches Regime verbessern wollen. Der junge Dichter hatte noch gewisse Illusionen. Er wusste tatsächlich nicht, dass das Regime unzulänglich war. Aber dieses Unwissen war nicht nur ein Alibi, sondern ein Urteil über seinen Verstand. Das Regime benutzte ihn, um sich eine liberale Fassade zu geben. Er benutzte das Regime, um zu leben, wie es ihm beliebte. Wer hat hier wen überlistet? Meiner Meinung nach war Jewtuschenko über lange Zeit der Sieger. Mit seinen Halbheiten trug er unbewusst zwar nicht zur Verbesserung, immerhin aber zur Zersetzung des Regimes bei, und das nicht weniger als Sacharow. Die Masse wusste nichts von seinen Kompromissen und wollte auch nichts davon wissen. Die Kollegen wussten davon, und viele schätzten sie nicht. Aber die Masse wollte Jewtuschenko als guten Kumpel sehen, als ihresgleichen, und in ihrer Vorstellung war er der Sieger.

Stellen wir uns vor, all das wäre in Nazideutschland passiert. Und ein deutscher Dichter mit Namen Jewtuschenko nimmt Kontakt zur Gestapo auf, um Dissidenten zu retten, er schickt aus der Pariser Botschaft von Abetz ein chiffriertes Telegramm ans Zentrum, in dem er sich für einen in Ungnade gefallenen Dichter einsetzt. Auf dem Jugendfestival in Helsinki sieht er, wie eine deutsche Ballerina während ihres Auftritts mit einer Flasche verletzt wird, und daraufhin schreibt er das zornige Gedicht »Rotzlöffelkommunismus«. Als aber zwei hochrangige Nazis diese seine Verse hören, geraten sie in administratives Entzücken, und der eine Gestapo-Mann sagt nachdenklich: »Mh tja ... Diese Dichter, die zu uns kommen, um Sie zu denunzieren, schreiben nicht solche Verse ... Jedenfalls, wenn ich Ihnen irgendwann behilflich sein kann, man kann ja nie wissen, hier ist für alle Fälle meine Telefonnummer.«

Der deutsche Dichter Jewtuschenko nimmt diese Hilfe in Anspruch. Er schafft einen Haufen Dissidentenliteratur nach Nazideutschland. Man filzt ihn beim Zoll (wie seinerzeit Bunin), er rennt zur Gestapo und beginnt »alle Register zu ziehen«:

»Und überhaupt, was hatten sie für ein Recht, mich zu filzen?«

Drei Monate später gab man ihm die Bücher zurück. Andere hat man wegen eines Buches, wegen eines halben Buches in den Knast gesteckt. Die Sowjetmacht unterschied sich selbstverständlich vom Naziregime, denn sie war eine etwas dumme, unrealisierbare Utopie, aber auf der Ebene staatlicher Verhältnisse ein gnadenloser Totalitarismus. Der schlaue, männliche *Ingénue* schrieb in seinen Bericht, er brauche die Bücher zwecks Erhöhung seiner »ideologischen Wachsamkeit«.

Als dann aber die Freiheit kam und die Menge alle Denkmäler aus totalitaristischen Zeiten vom Sockel stieß, schrie ein kollektiver *Jemand* Jewtuschenko ins Gesicht: »Für welche Verdienste hat die Sowjetmacht Sie so geschont?«

Die Freiheit wurde sein Untergang. Und er nahm und verfluchte sie: »Nicht wissend, was Freiheit ist, kämpften wir für sie wie für eine Dulcinea der russischen Intelligenz. Ihr Angesicht hatten wir in Wahrheit nie erblickt, nur in unseren sozialen Träumen, und wir glaubten, es sei wunderbar. Aber die Freiheit hat nicht nur viele Gesichter, sondern auch Fratzen, und manche sind unerträglich abstoßend. Eine dieser Fratzen der Freiheit ist die Freiheit der Beleidigung.«

Die neue Staatsmacht beachtete den Dichter nicht mehr. Er fuhr nach Amerika, um dort über lange Monate als halber Emigrant zu lehren und beleidigte Prosa zu schreiben, die mit ihren grellen Epitheta und Vergleichen an einen guten Trivialroman erinnert. Letzten Endes braucht Jewtuschenko niemand mehr, weder die Ultrarechten noch die Demokraten, weder der Osten noch der Westen. In Form eines giftigen, hilflosen Vierzeilers hat er es *allen* heimgezahlt:

Viel gab mir die Welt – ich weiß,
Doch eines fehlt bis jetzt fatal:
Das Recht auf freie Wahl
Zwischen Mist und Scheiß.

Ungeachtet dessen, dass sich, was die Qualität betrifft, eine große Anzahl seiner Gedichte in der Tat »zwischen Mist und Scheiß« befindet (»... ich war entsetzt, wie viel schlechte Gedichte ich geschrieben hatte ...«, schreibt er ehrlich in seinem Buch), war Jewtuschenko sehr verärgert, weil eines Abends in einem Restaurant der nicht weniger berühmte Dichter Joseph Brodsky, der mit Jewtuschenkos Hilfe aus seinem Verbannungsort im fernen Norden hatte zurückkehren dürfen, das von ihm angebotene Jackett (bestimmt himbeerfarben mit Flitter) ablehnte und weil er ihn überhaupt mit seinen kompromittierenden Kommentaren »verraten« habe. Der poetische *Ingénue*, der sich der Unterschiede im schöpferischen Potenzial nicht bewusst wird, ruft in seinem Roman bitter aus:

»O Epoche, o Mutter der Missgeburten! Was hast du mit uns allen gemacht? Vielleicht hätten wir Freunde sein können, der Liebling der Achmatowa (d. h. Brodsky – V. J.) und ich, aber du hast uns entzweit, auseinander gerissen, obwohl wir vielleicht wie sonst niemand einander gebraucht hätten. Sollten wir wirklich nie wieder von Mensch zu Mensch miteinander reden und einsam krepieren? ... Ja, ich bin selbst eine Missgeburt, krumm, verwachsen, gebrochen ... Aber ich will noch etwas Glück ... Doch vielleicht verdiene ich es wie wir alle nicht? Oder?«

In jedem Schriftsteller gibt es ein Stück Jewtuschenko. Aber Jewtuschenko besteht nur aus Jewtuschenko. Ich weiß nicht, ob er Glück verdient hat. Ruhe hat er bestimmt verdient.

Die Rechte der Männer

Eine tolle Sache sind die nepalesischen *Kukuri*-Messer! Das ist eine gefährliche Waffe der kriegerischen *Gurchen*, die Angst und Schrecken unter der friedlichen Bevölkerung verbreiten. Das *Kukuri* bringt mit einem Hieb einen jungen Stier zur Strecke oder kappt den himalayischen Gummibaum, bekannt unter der Bezeichnung »Religionsbaum«.

Wenn es nach mir ginge, würde ich Hysterikerinnen und Psychopathinnen, Neurasthenikerinnen und dergleichen prämenstruale Adventistinnen mit dem *Kukuri* einen Kopf kürzer machen. Ich nähme ein *Kukuri* und schlüge ihre kreischenden grässlichen Köpfe ab. Ohne die geringsten Raskolnikowschen Qualen. Ein einziges großes Männerglück.

Aber die Umstände sind ungünstig.

Der »Mensch von männlichem Geschlechte«, wie Wladimir Dal[12] den Mann definiert hat, begrüßt das 21. Jahrhundert mit der weißen Fahne der Kapitulation in der Hand. Das erinnert an ein Winken mit langen Unterhosen.

Jubiliere, Feministin! Im Westen hat die Frauenbewegung, die statutenmäßige Formen einer Ideologie angenommen hat, das geschlechtliche »Reich des Bösen« zerschlagen. Lebe wohl, Vormachtstellung! Der zivilisierte Mann hat friedlich in allen Punkten den Rückzug angetreten. Er hat die Gleichheit der Geschlechter anerkannt, für sich aber noch keinen stabilen Platz im fiktiven Gleichgewicht der Kräfte gefunden.

Professoren an amerikanischen Universitäten, in den vergangenen Jahrzehnten fröhliche Schürzenjäger, weinten sich bei mir aus, im Flüsterton sprechend und gehetzt um sich blickend, dass jede unvorsichtige Bewegung oder auch nur ein unbescheidener Blick heutzutage als »Vergewaltigung« gewertet werde. Demnächst wird man sie für ihre früheren »Verbrechen« erschießen, wie seinerzeit bei uns die Trotzkisten.

Die Männer haben begonnen, die Frauen *für alle Fälle* zu fürchten. Oder sie tun so. Mimikry ist die Waffe der Besiegten.

»*Er* hat Angst vor mir«, sagt jede deutsche Journalistin stolz. Ihr ist das angenehm.

Ach, ihr meine zärtlichen Miststücke!

Der Kampf der westlichen Männer für ihre Rechte ist in die Hände von Konservativen gefallen, die der Leichtigkeit des Seins entbehren, und hat sich darum auf Kleinkram reduziert. Falls sie, verwirrt und entwaffnet, doch irgendwann mal den organisierten Gegenangriff starten sollten, dann nicht anders als durch eine globale Bewusstseinskrise.

Das Schicksal der Männer in Russland sieht anders aus, freilich nicht weniger traumatisch.

Wer ist schuld, dass der russische Mann bankrott ist? Die Sowjetmacht? Ja, aber wer ist schuld, dass die Sowjetmacht entstanden ist? Der russische Mann.

Ich bezeichne den russischen Mann als Wolke in Hosen. Aber nicht in dem stummen Sinne, den Majakowski meinte. Wir sprechen in der Sprache der Leere. Den russischen Mann gab es, den russischen Mann gibt es *nicht mehr/noch nicht*, den russischen Mann kann es wieder geben. So ist die Dialektik.

Die Morphologie des Mannes bildet eine zuverlässige Klassifizierung seiner Rechte. Der Mann besteht aus Freiheit, Ehre, hypertrophiertem Egoismus und Gefühlen.

Den Russen hat man das Erstere weggenommen, das Zweite ist verloren gegangen, das Dritte ist abgestorben, das Vierte ist eine Art Wackelpudding mit Bläschen drin.

Das amorphe Gebilde, das an die Stelle des Mannes getreten ist, hat drei Schichten. Oben eine Schicht Mensch, unten eine Schicht Kerl und in der Mitte eine zerdrückte Schicht Ehemann.

Der *Mensch* hat seine Spielarten entsprechend den vorstehenden Adjektiven: großer, kleiner, geschäftstüchtiger, überflüssiger Mensch usw. Jeder hat eine eigene soziale Nische *oder* deren Abwesenheit. Die russische männliche Welt ist zersplittert.

Der *Kerl* ist eine alltägliche Erscheinung, er schwitzt in der Banja und trinkt Wodka. Der Wodka generiert sein Selbstbewusstsein im philosophischen Betriebssystem »Sein oder Nichtsein«. Wie dem auch sei, bis heute bringen es Kinder tatsächlich fertig, von Kerlen gezeugt zu werden. Die eine Hälfte von ihnen wird wie er selbst zu Kerlen. Sie werden nicht wagen, über sich zu sagen: »Wir sind die Herren ...« Man würde sie auslachen. Und es wäre ihnen auch selbst peinlich. Sei's drum! Der Kerl ist eine Erscheinung der Unterschicht, selbst wenn er Jeep fährt.

Die andere Hälfte der Kinder wird Frauen. Die russische Frau ist kein chimärenhafter Begriff. Sie besteht aus Notwendigkeit. In Russland gibt es mehr als genug Notwendigkeit. Darum ist Russland auch fraulich.

Der russische Kerl ist von schlichtem Gemüt, aber misstrauisch. Sein Verhältnis zu Frauen ist »nicht besonders«. Doch heiraten tun alle und er auch. In der Regel unglücklich. Tante Njura, die aus Mordowien kommt, hat mir erzählt, dass die jungen Tatarinnen aus den dortigen Dörfern zunehmend Russen heiraten wollen. Die

Tataren seien böse, erklärt Tante Njura, und die Russen seien trottelig. Mit denen werde man leichter fertig. Über die *eigenen* Leute sagt sie das, und das scheint in Ordnung zu sein, wie selbstverständlich. Natürlich kann ein Trottel in seiner Braut, die klasse Beine hat, nicht die zukünftige Schreckschraube sehen.

Das männliche Leben setzt sich aus Errungenschaften zusammen. Den Sieger kann man mit bloßen Händen packen. Die Frau, die dem Mann die Illusion des großen Sieges vermittelt, wird selbst die größte Siegerin sein. Wie immer: Russland siegt, und Deutschland triumphiert.

Der russische *Ehemann* ist eine komische Figur. Da, er schlurft in Pantoffeln in der Küche herum.

Zur Knechtung des Ehemannes muss man die Karte des moralischen Imperativs ausspielen. Das ist leicht. »Sie weiß es besser.« Die Ehefrau wird zum Familienrichter und erhebt Anschuldigungen in Form von Ansprüchen: »Warum kannst du nicht die einfachsten Sachen machen?« Ein russischer Philosoph bezeichnete Ansprüche als tief unaristokratische Verhaltensform. Die Schreckschraube ist in der Tat nicht besonders aristokratisch. Familienzwistigkeiten werden zu öffentlichen Untersuchungen. Die Ehefrau beginnt ihren Ehemann in Anwesenheit von Verwandtschaft, Freunden und Bekannten zu verspotten. Sie lässt deutlich durchblicken, dass er im Bett nichts taugt und sagt ganz offen:

»Mein Mann ist eine Niete.«

An der Stelle gerät das Blut in Wallung, und man muss über seine Rechte nachdenken. Und der Kerl beginnt nachzudenken. Er denkt, denkt und denkt und kommt zu dem Ergebnis, dass alle Weiber Schreckschrauben sind. Aber da ist es schon Zeit zu sterben. Und er stirbt – erleuchtet. Unter dem Geheul seiner zukünftigen Witwe.

Auferstehung des russischen Mannes … Ostern, bemalte Eier. Das ist gut und gleicht einem Wunder.

Die schweinchenrosa Unterwäsche Mitteleuropas

(Selbstinterview am Rande einer Beichte)

»Was bedeutet für dich Mitteleuropa?«

»Wie? Keine Kraft zur Konzentration. Das Bewusstsein schwebt dahin.«

»Und wenn Mitteleuropa im Erdboden versinken würde?«

»Ich wäre betrübt, aber das ginge schnell vorbei.«

»Früher wäre das anders gewesen?«

»Ja, aber darüber möchte ich nicht nachdenken. Ich mag übrigens tschechisches Bier. Ich wunderte mich geradezu, als ich in einem amerikanischen Supermarkt stand und merkte, dass ich am liebsten tschechisches Bier kaufen wollte. Früher, sogar auf dem Höhepunkt der Liebe zu den Ungarn und Polen, hätte ich holländisches oder belgisches oder deutsches gekauft, einfach aus Misstrauen gegenüber der tschechischen Produktion. Und jetzt muss ich gestehen, nein, ich gestehe mit Freude, dass ich tschechisches Bier am liebsten mag.«

»Wieso mit Freude?«

»Aus Liebe zur Objektivität. Aber aus derselben Liebe zur Objektivität sage ich, dass italienische Pfirsiche besser schmecken als ungarische, und dass ungarischer Wein nicht schlecht ist, aber trotz allem barbarisch. Allerdings mag ich noch polnischen Zubrowka.«

»Und was war früher?«

»Früher empfand ich eine unbegreifliche Liebe zu den Ungarn und den Polen und in einem gewissen Moment auch zu den Tschechen.«

»Wieso Liebe? Und warum unverständlich?«

»Ich verehrte sie wegen ihres Widerstands gegenüber den Russen. Buchstäblich bis zu Tränen. Übrigens war das eine oberflächliche Liebe. Heute scheint mir manchmal, dass ich sie damals erfunden habe.«

»Was heißt oberflächliche Liebe?«

»Ich habe mir nicht die Zeit genommen, die Leute zu erforschen. Ich liebte irgendwelche unbekannten Objekte. Ich kannte diese Länder politisch weitaus besser als kulturell. Habe fast keine Literatur gelesen. Den Schwejk habe ich nicht zu Ende gelesen, auf der Hälfte weggelegt, er hat mich gelangweilt. Petöfi (wie schreibt er sich richtig?) ist überhaupt ein Blödsinn.«

»Und Kafka?«

»Kafka ist überhaupt nicht Europa. Eher Afrika. Das ist Kafka. Und ich rede von der Mitte. Mit den Polen war es ein bisschen besser – die hatten wenigstens Filme, die man sich ansehen konnte –, aber nur ein bisschen. Dafür las ich bis zum Umfallen alle Dokumente über den ungarischen Aufstand. Heute erinnere ich mich an nichts mehr, es ist wie abgeschnitten. 1968 begann ich sogar, Zeitungen auf Tschechisch zu lesen. Ich verehrte sie, diese Idioten.«

»Wieso Idioten?«

»Das meine ich liebevoll. Und weil ich mich schäme. 1988, als man mich noch nirgendwohin ließ, träumte ich davon, nach Budapest zu fahren. Aber als das Reisen möglich wurde, fuhr ich natürlich nicht nach Budapest, sondern nach Amerika.«

»Und der Westen hat bei dir Mitteleuropa gefressen?«

»Nicht ganz. 1989 war ich endlich das erste Mal mit Vergnügen in Budapest. Budapest war damals stärker als Moskau.«

»Und jetzt?«

»Nicht zu vergleichen. Was die Energie betrifft, können die Hauptstädte dieser drei Länder zusammengenommen Moskau nicht das Wasser reichen. Moskau ähnelt von seiner Energie her inzwischen New York. Und diese Länder haben sich in ein halb gemütliches, halb ohnmächtiges Nest verwandelt. Nicht die richtigen Maßstäbe. Nicht das richtige Tempo des Lebens.«

»Ist hier nicht etwas Schadenfreude dabei?«

»Natürlich, ein bisschen. Sie haben gedacht, sie stünden in ihrem Mitteleuropa auf einem höheren Zivilisationsniveau als Russland, sie haben da Striptease und weiß der Henker was, und dann stellte sich raus – ein Nest. Jedenfalls gab es dort niemanden, bei dem ich Energie tanken konnte.«

»Das heißt, du hast mit Mitteleuropa abgeschlossen?«

»Wenn ich in diese Richtung schaue, erscheint mir das eine oder andere sympathisch. In Prag, wo ich kürzlich war, kam mir vor, dass manche Leute in gewisser Weise sogar russischer waren als die Russen. Eine Russischlehrerin in schweinchenrosa Unterwäsche nahm meine Hand und sagte sehr aufgeregt: ›Viktor, liebst du mich?‹ Ich möchte sagen, sie sind erstaunlich weich. Ihr Vater war Busfahrer oder so. Als Antwort löschte ich das Licht. Sie sagte mir ins Ohr, sie müsse jetzt statt Russisch Deutsch unterrichten. Aber sie wolle bei Russisch bleiben. Um ihr liebes Gesicht genauer anzusehen, machte ich das Licht wieder an. Sie haben eine beinahe slawophile Weichheit. Man kann sie wie Butter aufs Brot streichen. Und sie reden in so einem Singsang. Das hat etwas sexuell Anziehendes, Liebes.«

»Unterscheiden sie sich vom Westen?«

»Nach all ihren samtenen Revolutionen studierten nur

mehr hässliche Leute mit vorstehenden Zähnen russische Philologie. Und heute begegnen einem wieder normale Zähne. Das ist erfreulich.«

»*Unterscheiden* sie sich nun vom Westen?«

»Wer trägt im Westen schon schweinchenrosa Unterwäsche? Mitteleuropa zeigt, wenn es das Kleid ausgezogen hat, seine Provinzialität. Manchmal ist Provinzialität eine angenehme Eigenschaft. Theoretisch liebe ich es, auf dem Land zu sein, mich hinzulegen und auszuschlafen. Das Blätterrascheln unter den Füßen. Es ist so rührend, wie sie sich Russland zuwenden, verschreckt von all diesen Deutschen, Amerikanern und Franzosen. Sie scheinen noch tiefer von der westlichen Zivilisation enttäuscht zu sein, als sie selbst es ahnen. Sie haben das Böse, das ihnen Russland angetan hat, so schnell vergessen. An unsere Soldaten, ihre Mörder, die Okkupanten aus dem russischen Dorf, erinnern sie sich beinahe zärtlich. Und der Winter bei ihnen ist milder als bei uns. Ihr Winter ist wie unser Spätherbst. Das extreme Klima unserer Weiten bricht bei ihnen ab. Das findet überall seinen Niederschlag.«

»Möchtest du als Russe Mitteleuropa noch einmal auf dem Panzer erobern?«

»Nur dann, wenn ich mal sehr beleidigt über den Westen sein sollte.«

»Weswegen?«

»Wegen des Betrugs. Wegen der Doppelmoral. Saumäßige Moralisten sind das, sie verzeihen sich selbst, was sie uns nicht verzeihen. Auch deswegen, weil der Westen Russland zurückgestoßen hat, und dann sagen wird, wir seien Kinder des GULag. Der Kapitalismus scheint mir eine ziemlich kümmerliche Philosophie zu sein, er ist höchstens mit der Kümmerlichkeit des Menschen selbst zu vergleichen. Er ist natürlich besser als der Kommunismus, hat mehr Qualität, ist aber trotzdem weiß Gott was.«

»Und was machst du mit Mitteleuropa, wenn du es erobert hast?«

»Zuerst quäle ich es ein bisschen, und dann mache ich es etwas liberaler als Russland, und sie werden sich wieder unter all ihren Komplexen hübsch winden. Und ich werde wieder zu ihren Fußball- und Hockeymannschaften halten. Zur Sowjetzeit konnte ich nicht zu den Russen halten, ich hielt immer zur Gegenseite, egal, wer das war, Hauptsache, gegen die Russen, und dann, nach 1991, das kam ganz von allein, hielt ich plötzlich zu den Unsrigen, ich schloss mich somit den ursprünglichen Formen des Nationalismus an.«

»Weiß Mitteleuropa irgendetwas über Russland?«

»Wie schlecht auch immer ich Mitteleuropa kannte, es kennt Russland schlechter als ich Mitteleuropa. Nein, natürlich haben sie irgendwann mal Tolstoi und Dostojewski gelesen, und gewisse Töchter von Vorortbusfahrern sind ins Detail gegangen, aber all das bringt es nicht. Das ist zu hoch für sie. Was wissen sie über Russland? Einerseits haben sie von ihren Großmüttern gehört, dass man den Russen nicht vertrauen darf, sogar wenn sie mit Geschenken ankommen. Diese verblichenen Großmütter hatten Recht. Wie sollte man den Russen vertrauen? Die Russen halten niemanden außer sich selbst für Menschen, und wenn man bedenkt, dass sie sich selbst für einen Scheiß halten, dann passt alles wieder zusammen. Andererseits stellen die Russen ein Gegengewicht zum – für Mitteleuropa – zu kalten Westen dar. Also sind die Russen zu heiß. Also ist Mitteleuropa wie eine Mischbatterie für kaltes und heißes Wasser. Im Idealfall.«

»Und in Wirklichkeit?«

»In Wirklichkeit kommt aus beiden Rohren kaum Wasser.«

»Fehlt es ihnen an Geistigkeit?«

»Für den gesunden Geist ist die Devise: je weniger davon, desto besser.«

»Dann sind sie also gesund?«

»Wieso sollen sie gesund sein?«

»Was sonst?«

»Gar nichts. Normales Mitteleuropa.«

Der kopflose Reiter

(Boris Grebenschtschikow[13])

Wenn die Kultur den Kopf verliert, dann bedeutet das noch nicht, dass wir die Kultur verlieren.

Übrigens ist Kultur bereits kein sakrales Wort mehr. Ich kann versprechen, dass es nicht wenig Beleidigte geben wird. Und 10 bis 30 Prozent Verarschte. Die Lehrer werden zusehends billiger.

In groben Schafspelzen, die Mützen schief auf dem Kopf, stehen sie mit befremdetem Gesichtsausdruck in einiger Entfernung da. Verblüffend ist indes nicht, dass niemand sie braucht, sondern dass sie physisch ruiniert sind. Sie unterrichten im totalen Zerfall. Der eine ist ein Säufer, der Zweite ein Idiot, der Dritte hat leere Augenhöhlen, der Vierte Schuppen, der Fünfte ist ein Gauner, der Sechste trägt eine Uniformjacke, der Siebte ist ein Zwerg, der Achte eine Baba-Jaga mit aufgeknöpftem Hosenschlitz, der Neunte ist Neurastheniker, der Zehnte ein sensibles Arschloch und Agrarier, der Elfte für General Wlassow[14], der Zwölfte entschieden dagegen.

Apostel putzen weder ihre Zähne noch ihre Schuhe. Mit den Zähnen sieht es bei ihnen schlecht aus. Apostel marschieren nicht zu einem modischen Friseur, rasieren sich nicht die Achselhöhlen, waschen sich nach dem kleinen Geschäft nicht die Hände, schneiden sich nicht die Fußnägel, dafür kauen sie an den Fingernägeln. Sie schielen, gehen krumm, sind bucklig, zugeraucht, verkatert, stillos, leiden an Stirnhöhlenvereiterung, sind verklemmt, psychasthenisch, impotent, haben Angst, es französisch zu machen, nach dem Klo oder nach einer Spelunke mit Nutten zu fragen.

Quadratische Räder des Humanismus, Taxierer, Richter, Verbieter, Panikmacher, die ihr ganzes Leben lang versprochen haben, sich die Hände zu reichen, es aber nie getan haben, obwohl sie in Häufchen zusammenglucken, sie reden geschraubt, sind wortreich, schwatzhaft, religiös eingleisig, einäugig, schwarz-weiß, kopflastig, haben nicht einmal *Gras* probiert, sind phantasielose Witzbolde mit theatralischen Gesten. Bücherwürmer, die schlecht lesen, sich nicht freuen können, hinter allem die Umtriebe verschiedener Geheimdienste vermuten, schlecht tanzen, sich ihr Leben lang an ihre ärmliche Kindheit, die erste Begegnung mit dem Meer erinnern, politische Hitzköpfe, altväterliche Schürzenjäger mit müder Leber, hektisch, depressiv, nicht über den Tellerrand hinaussehend, mürrisch, mit verfaulter Energie, unfähig, den Körper zu lieben.

Ein Gedicht ist für sie stärker als eine Intensivmassage.

Paris ist für sie Exotik.

London die Qual der linken Bewegung.

Amsterdam die totale Päderastie.

China ist für sie der Vorsitzende Mao Zedong.

Korea Theorie und Praxis des Chuchhe.

Pasternak ist für sie der geniale Autor von »Doktor Schiwago«.

Geistigkeit ist für sie das Licht im Fenster.

Geistigkeit ist für sie der Pope mit Dillgurken.

Geistigkeit ist für sie Museum und noch mal Museum.

Die russische Geschichte ist für sie ein Synonym für Leiden.

Die Rettung Russlands ist für sie ein soziales Projekt.

Der Computer ist für sie die verschlechterte Variante der Schreibmaschine.

Das Motorrad ein Verteiler von Lärm und Tod.

Ein Privatflugzeug ist für sie das Symbol für Luxus.

Luxus existiert für sie nicht.

Rock 'n' Roll ist für sie ein leeres Geräusch.

Sie schlafen in verunglückten Betten mit verunglückten Ehefrauen, die nicht kochen können.

Was essen meine Apostel?

Sie essen Karottenplätzchen und Tarkowski-Filme.

Joseph Brodsky macht Eindruck auf sie.

Carlos Castaneda ist Gift für sie.

Okudschawa ist das Epizentrum des kulturellen Lebens.

Wyssozki ist ein Roman über den wahren Menschen, der einen Gauner spielt.

Okudschawa ist ihnen näher, aber Wyssozki ist auch nicht weit.

Geistigkeit ist für sie das entwickelte Gefühl kollektiver Schuld.

Geistigkeit ist für sie der öffentliche Schmerz für das Volk.

Meine Apostel wurden in den dicken Literaturzeitschriften geboren.

Meine Apostel mögen keine Schamanen.

Meine Apostel sind das eingefrorene Jahrhundert der Aufklärung.

Der Mutterleib ist in ihrer Sprache kein Fortpflanzungsorgan.

Der Dalai Lama ist für sie ein Volksheld, aber nicht mehr.

Die Synagoge ist für sie eine Streitfrage. Die Synagoge in Russland ist für sie ein Problem.

Die Halluzination ist für meine Apostel ein Feind der Kultur.

Glossolalien sind für sie sinnlose Ausrufe.

Männer sind für sie besser als Frauen, ebenso wie das Kino besser ist als Comics. Damit plaudere ich übrigens ein Geheimnis aus, denn sie haben sich schon für den 8. März mit Blumen und Pralinen eingedeckt. Und mit einem Schokoriegel für die Tochter der Gastgeberin.

Trance ist die Zerstörung der Norm.

Die Norm ist eine moralische Kategorie.

Der Ganges ist ein dreckiges Rinnsal mit Krokodilen.

Leere ist für sie leer.

Nirwana ist Krätze.

Kitsch ist Kitsch. Sex ist Müll. Freud ein Scharlatan. Und Rosen sind Tränen.

Gemeinheit ist Verrat am Leben.

Massenkultur ist Verrat am Leben.

Erfolg ist ein schändliches Wort.

Wyssozki schreit zu Recht, denn er empört sich. Das Wort Dreckskerl lässt sich nicht mit zärtlicher Stimme aussprechen.

Wertinski[15] ist verdächtig, eher nicht »einer von uns«.

Obszönes Fluchen gehört sich nicht zwischen Mann und Frau.

Ich weiß nicht ist keine Antwort.

Vermeer ist Genremalerei.

Das königliche Versailles ist Snobismus.

Fremdsprachen können wir per definitionem nicht.

Ein Mädchen ist unser Kampfgenosse, mit dem es keine gemeinsame Sprache geben kann.

Harrison – wer ist das und wozu?

Hendrix – was ist das, ein Drogensüchtiger?

Und überhaupt.

Wir
schnupfen
nicht.
Mu-mu[16] und Gerassim[17].
Boris Grebenschtschikow ist ein kopfloser Reiter.

Die Junggesellenecke

In der Junggesellenecke wird so manches aufbewahrt. Hier finden sich auch die Kleinigkeiten des Kleinkindalters: blaue Flecken, Großmütter, Auf-dem-Töpfchen-Sitzen; hier gibt es das Nachdenken über Gene, Wurzeln, Pollutionen; auch die Gestalt der Unbekannten mit großem Busen, die kurz hinter einem Busfenster auftauchte, Karrierephantasien, die Liebe zum russischen Ballett, zum Geruch von Benzin. Jeder Mann hat ein Junggeselleneckchen.

Zutritt gewährt wird bei dicker Freundschaft, in betrunkenem Zustand oder ganz zufällig (Zugbekanntschaften). In der kurzen Phase heftiger Liebe kommt es auch vor, aber dann wird der Vorhang wieder zugezogen.

Männer schweigen über ihre Geheimnisse und tun so, als hätten sie keine. Sie sind wehleidig und genieren sich für ihre Ängste. Insgeheim fürchten sie den Tod, man sieht nur, wie sich der Adamsapfel bewegt. Überhaupt sind sie sehr viel schüchterner als Frauen, die sich gegenseitig ihre Geheimnisse servieren wie Kaffee und Kuchen. Die Frauen spielen mit ihrer Schüchternheit Verstecken, aber kaum sind die Männer aus der Tür raus, da lassen sie auch schon erleichtert Dampf ab. Die Männer sind von Natur aus Stotterer, die nur mit Mühe sprechen lernen. Weniger aus einem Guss wie die Frau, setzt sich der Mann aus existenziellen Stücken und Quadraten zusammen.

Wenn man die Junggesellenecke nicht hin und wieder durchlüftet und sich selbst dort nicht hineinlässt (aus

Gründen von Zeitmangel oder eben aus Schüchternheit), kann sich dort alles Mögliche einnisten: Schimmel, Mist, diverse Komplexe.

Im Laufe des Lebens kann sich die Junggesellenecke verkleinern oder vergrößern, aber sie *existiert*, und man muss mit ihr rechnen wie mit einem angeborenen Zubehör. Wenn Frauen sie entdecken, nehmen sie an – besonders eifersüchtige Frauen –, dass es sich um etwas skandalös Antifamiliäres und Frauenfeindliches handelt. Und damit haben sie eher Recht.

Der männliche Blick ist streng. In der Tat ist der Mann bisweilen erfüllt von frauenfeindlichen Stimmungen, wenn er zum Beispiel bei seiner Frau Kleinlichkeit, Eitelkeit, die Neigung zur Küchenherrschaft bemerkt und bei seiner halbwüchsigen Tochter die unangenehmen Bläschen und Pickelchen der Geschlechtsreife. Ein frauenfeindliches Ekelgefühl steigt in ihm auf wie ein Brechreiz, und er versteckt es in seiner Junggesellenecke.

Sogar ein glücklicher Familienvater braucht den Rückzug in die Gesellschaft von Männern. Er geht auf die Jagd oder spielt Tennis nicht einfach aus Leidenschaft. Er hockt nicht einsam mit der Angel auf dem Eis, weil er Geld sparen und die Familie ernähren will. Er braucht eine Verschnaufpause.

Ein Mann, bei dem die Junggesellenecke die gesamte Wohnung einnimmt, heißt Junggeselle. Bei ihm ist das ganze Leben eine Verschnaufpause.

Junggeselle – das ist an sich schon ein ziemlich ungutes Wort. Es hat etwas von Grund auf Unfertiges, nicht Vollwertiges. Indem wir es benutzen, geraten wir unfreiwillig auf ein Terrain, das in kultureller und sprachlicher Hinsicht dem Junggesellen gegen den Strich geht. Wir haben keine andere Wahl.

Junggesellen lassen sich in Unterarten einteilen, und man sollte über sie nicht als Kollektivum sprechen.

Es gibt zwei Hauptunterarten. Die einen haben ihre Junggesellenecke zum Kult erhoben. Die anderen haben es nicht geschafft, sie zu entrümpeln. Die Männer, die in der Mitte stehen, heiraten in der Regel.

Als Sammler gegensätzlicher Prinzipien schätzt der *glückliche* Junggeselle beim Harem die Vielfalt.

Wer seine Ecke seit der Schulzeit zugemüllt hat, lebt kümmerlich und verklemmt. Er ist es, der seiner Zukünftigen vorschlägt, nicht mit dem Taxi, sondern mit der Straßenbahn zum Standesamt zu fahren. Dann der krampfhafte Versuch mit einer *anderen*, die so einen anspruchslosen Eindruck machte, doch da – die Bettkatastrophe, und er ergreift die Flucht, ohne verstanden zu haben, dass sie nicht verstanden hat, dass eine Katastrophe passiert ist. Und sie sieht lange aus dem Fenster, wie er rennt, den Kopf zwischen den Schultern eingezogen. Und so lebt er weiter, ohne Hals, mit Schuppen auf den Schultern.

Nicht, dass so ein *unglücklicher* Junggeselle etwa Frauen fürchtete oder sie nicht liebte, es ist nur so, dass sie mit der Zeit für ihn irgendwie, na ja, nicht so riechen wie sie sollten.

Fragt man einen *glücklichen* Junggesellen, warum er nicht geheiratet hat, dann wird er sagen, dass er noch nie von einer glücklichen Ehe gehört habe. Er kennt das Grauen der Monogamie; seine eigenen Freundinnen haben ihm davon erzählt. Und in der Tat, von außen sieht die Ehe noch schlimmer aus, als sie in Wirklichkeit ist. Sie sieht aus wie eine Stadt nach einem Bombenangriff. Man schaut sich das im Fernsehen an und denkt, da kann man nicht leben; und wenn man hinkommt, ist es gar nicht so schlimm - irgendwie schaffen diese halb toten Leute es ja.

Das freie Leben hat froh und reich zu sein. Die Lebensfreude fordert vom Junggesellen permanente fröhliche Geschäftigkeit. Er lebt gleichsam auf einer Bühne. In der Regel ist er ein schöpferischer Mensch, auch wenn er sich keinen besonderen Namen gemacht hat.

Geld ist die Grundlage des Junggesellenglücks. Der Sammler besitzt nicht unbedingt eine Luxuswohnung, aber etwas Atelierähnliches, voll gestopft mit nötigen und unnötigen Dingen. Oder eine Datscha, die er von den Eltern übernommen hat, mit alten Lampenschirmen. Und der Pfeifenrauch ist die Begrenzung des persönlichen Raums. Der Sammler-Junggeselle ist ein umgänglicher Mensch, er reist viel, sammelt Länder. Zu ihm passt so ein Amt wie Botschafter in irgendeinem kleinen Land. Der *unglückliche* Junggeselle sollte am besten ein galliger Literaturkritiker werden.

Der *glückliche* Junggeselle liebt es, wenn ergebene Leute um ihn herumscharwenzeln und ihm nach dem Mund reden. Er gehört zu denjenigen, die nicht wenig trinken, sich aber nicht für Trinker halten, da sie teure Getränke konsumieren. Er hat eine große Liebesgeschichte im Hintergrund, aber *sie* ist verrückt geworden, unter den Zug gekommen und nach Las Vegas emigriert. Er liebt fremde Kinder wie der Weihnachtsmann. Die Kinder erinnern sich an solche Junggesellen ihr ganzes Leben lang und erzählen Legenden über sie.

Seine eigenen Kinder, das Resultat seiner Frauensammlung, kennt der Junggeselle schlechter als andere und hat aus verschiedenen Gründen keinen Zugang zu ihnen.

Es heißt, der *unglückliche* Junggeselle heirate unter anderem deshalb nicht, weil er eine unangenehme herrschsüchtige Mutter habe. Wie dem auch sei, der *glückliche* Junggeselle liebt seine Mutter sehr. Die Mütter *glücklicher* Junggesellen sind intelligente Frauen, die sich gern geschmackvoll kleiden und beispielsweise stilvolle schwarze Kleider tragen.

Das ganze Leben in Theater zu verwandeln ist schwer. Der *glückliche* Junggeselle blüht auf in der mittleren Altersgruppe. Im Alter geht ihm bisweilen die Puste aus. Dann ändert er seine Gewohnheiten und heiratet überraschend, und seine Frau ähnelt aus irgendeinem Grunde immer seiner Mutter, kleidet sich gern geschmackvoll und trägt stilvolle schwarze Kleider, was rührend ist.

Der *glückliche* Junggeselle besitzt eine schöne Ikonensammlung, glaubt jedoch nicht sehr konsequent an Gott. Hin und wieder schlägt bei ihm eine Neigung zum Buddhismus durch. Den *unglücklichen* Junggesellen zieht es mit den Jahren in Richtung Kirche. Oder in Richtung kleine Jungs. Oder in beide Richtungen.

Die Statistik bestätigt: Junggesellen leben nicht lange. Die Junggesellen indes rufen im Chor: Vielleicht *nicht lange*, aber im Unterschied zu anderen haben wir *gelebt*.

Schmerz für das Volk

Neben Hämorrhoiden bleibt die Lieblingserkrankung der Intelligenzia bis heute der *Schmerz für das Volk*. Dies ist freilich eine Frage von Hygiene und Prophylaxe. Zu Hause empfinde ich praktisch nie Schmerz für das Volk. In meiner frühen Jugend kam es manchmal vor. Mit den Jahren ging es vorbei.

Aber wenn ich im Januar auf der Insel Capri spazieren gehe, zwischen den Villen von Krupp und Gorki, zwischen Mimosen, Zitronenbäumen, roten Weihnachtssternen, Bougainvillea, Bambus, Mittelmeerfichten, Bananenpalmen, wenn ich mich, auf dem Grund eines Bootes liegend, in die niedrigen Gewölbe der Blauen Grotte hineintreiben lasse, wenn ich, in der Sonne blinzelnd, den Berg zu der zerstörten Villa des Imperators Tiberius hinaufklettere, welcher Rom und Capri regierte zu der Zeit, als Jesus Christus gekreuzigt wurde, wenn ich mich am Anblick des langbeinigen Felsens in Form eines natürlichen Torbogens erfreue, wenn ich Artischockenherzen, Spaghetti mit *frutti di mare* in einer örtlichen Trattoria esse und mich mit den Fischern über das Leben und die Liebe unterhalte, oder wenn ich die Kirche St. Michele betrete, die von Kakteen umgeben ist, oder die Kapelle St. Pietro, die sich unweit der Bushaltestelle befindet, dann beginne ich wieder den Schmerz für das Volk zu empfinden.

Genauer gesagt, für verschiedene Völker.

Ich empfinde Schmerz für das italienische Volk, denn es ist dermaßen verwöhnt von all der Schönheit und den irre schönen Glockentürmen, dass es ihm schwer fällt, ins Ausland zu reisen.

Ich empfinde Schmerz für das hartherzige, *bourgeoise* Volk Frankreichs, das unfähig ist, auf slawische Art Freundschaften zu pflegen.

Ich mache mir Sorgen um das amerikanische Volk, dem man verboten hat, an öffentlichen Orten zu rauchen, und das seine Rassenprobleme nicht in den Griff bekommt.

Ich empfinde Schmerz für das englische Volk, denn es lebt wirklich in einem schlimmen Klima.

Ich habe Mitgefühl für das deutsche Volk, denn auf ihm, so glaube ich, lastet eine Sünde.

Ich empfinde Schmerz für das chinesische Volk, denn die Chinesen unterdrücken das geduldige, langohrige Volk von Tibet.

Ich empfinde Schmerz für die Holländer, denn sie haben keine Berge, für die Schweizer, denn sie haben kein Meer, und für die Ungarn, denn ihr Land ist platt wie eine Flunder.

Ich bin besorgt um das tschechische Volk, denn es trinkt zu viel Bier.

Ich empfinde Schmerz für das algerische Volk und andere blutrünstige Völker der Welt, die sich selbst vernichten.

Ich empfinde Schmerz für das dagomeische, kirgisische, bulgarische, koreanische Volk, da ich sie schlecht kenne und zu faul bin, sie besser kennen zu lernen.

Ich leide mit dem mexikanischen und dem indischen Volk, denn ihre Kultur ist stärker als ihre Zivilisation.

Ich empfinde Schmerz für das kanadische Volk, denn ihre Zivilisation ist stärker als ihre Kultur.

Ich empfinde Schmerz für das belorussische und das ukrainische Volk, denn sie sind unsere Nachbarn.

Ich empfinde Schmerz für das armenische Volk, denn sie wurden 1915 von den Türken ermordet, aber auch die gebräunten Hände der vom Morden erschöpften türkischen Kämpfer rühren mich zu Tränen.

Ich empfinde Schmerz für das Volk der Lappen, der Eskimos und der Tschuktschen, denn sie verstehen nichts vom Trinken.

Ich empfinde Schmerz für das japanische Volk, denn es versteht ebenfalls nichts vom Trinken.

Ich habe Mitleid mit Würmern, die Leichen fressen.

Ich zittere um das jüdische Volk, denn man geht immer so ungut mit ihm um.

Ich empfinde Schmerz für das tatarisch-mongolische Volk, denn die Russen haben es auf dem Schnepfenfeld gnadenlos zerschlagen, und für das altgriechische Volk, denn es existiert faktisch nicht mehr.

Ich empfinde Schmerz für das senegalesische Volk, das ich schon lange nicht mehr besucht habe und an das ich mich zugegebenermaßen nicht mehr richtig erinnere.

Ich empfinde Schmerz für das freudistische, uniatische, Fleisch fressende, mormonische, lesbische, skorpionische, unmetapsychische, gastritische, pädophile, polowezker, manisch-depressive Volk, denn diese Völker haben bis heute keine Unabhängigkeit erworben.

Ich empfinde Schmerz für das christliche und das buddhistische Volk, denn sie kommen nicht ins islamische Paradies.

Das Herz tut mir weh, denke ich an die Völker der Dritten Welt, die Geschöpfe anderer Dimensionen, die kleinen Dämonen, Selbstmörder, Vampire, Zieselmäuse, Hausbesitzer, verletzten Vögel.

Auf der Insel Capri blühen die Mandelbäume. Mir tun alle sehr Leid.

Wie frisch waren die Rosen[18]

Die Mode von gestern ist überhaupt nicht mehr in Mode. Dafür ist die Mode von vorgestern eine Spielerei für den Kunsthistoriker. Der sozialistische Realismus hat sich in eine Spielerei verwandelt. Mit den Stalinschen Hochhäusern verbindet sich nicht so sehr Nostalgie, als vielmehr Talent. Der sozialistische Realismus wird zur Fortsetzung der Avantgarde erklärt und nicht zu ihrem Henker: Gemeinsam träumen sie von der Veränderung des Lebens und treten Hand in Hand über die Ufer der Kunst hinaus.

Jetzt ist nicht die Zeit für treuherzige Menschen, Naturtalente, Enthusiasten und Kämpfer für die Wahrheit. Jetzt bestimmt der gnadenlose Postmodernist den Grad deiner intertextuellen Ignoranz; der Konzeptualist vermerkt den Grad deiner schöpferischen Trübheit, deiner unreinen Ergebenheit nicht dem Text, sondern dem Sinn gegenüber. Das ändert zwar gar nichts, aber lesen wird dich keiner, es lohnt sich nicht.

Unter solchen Bedingungen überlebt kaum einer, und es ist nicht schade drum.

Aber unter solchen Bedingungen sollte einer aus der »Sechziger-Generation« sich ohne jeden Zweifel erschießen, wenigstens vorübergehend, bis zur nächsten Runde, bis die Leiche des Vaters sich in das Skelett des Großvaters verwandelt hat. Und obwohl die Postmodernisten vermutlich sehr bald das gleiche Schicksal erwartet, ist es nicht üblich, darüber nachzudenken, ebenso wenig wie über die Sechziger-Generation zu schimpfen: Das ist nicht in Mode. Das ist nicht einmal lustig. Mögen sie ihre Toten doch selbst begraben.

Die Undankbarkeit der Schriftsteller ist beinahe mythologisch: Die Schüler fressen ihre Lehrer, um dann ihrerseits gefressen zu werden. Keiner hilft keinem. Und derjenige, für den sich ein breites Leserpublikum interessiert, kommt als Erster um.

Vor diesem harten Hintergrund wirkt die Prosa Axjonows nackt und masochistisch. Nur der Humanist wird ihn schonen, aber Humanisten sind jetzt nicht mehr gefragt. Man muss ein wenig Geduld haben. Morgen wird es leichter sein als heute. Wenn die Postmodernisten gestürzt sind, werden sich die Romantiker des beginnenden 21. Jahrhunderts durchsetzen. Und die werden dann der unverdient vergessenen Sechziger-Generation die Hand reichen. Sie werden zum wiederholten Mal den sozialistischen Realismus als Alptraum verdammen. Man wird wieder auf Stalin schimpfen dürfen, und neue naive Naturtalente werden geboren.

Aber bis jetzt gibt es sie noch, sie sind noch nicht ausgestorben, unsere Freunde der Sechziger-Generation, die in den Cafés von Tallinn und auf den Vorläufern der Jazzsessions den Westen entdeckt haben, die Prosa Axjonows wird die Herzen von einigen (vielen tausend) Menschen wärmen.

Bis jetzt habe ich auch jenen Juniabend des Jahres 1966 noch nicht vergessen, als Wassili Pawlowitsch im Zenit seines Ruhms in Begleitung des in Ungnade gefallenen Brodsky die Wohnung Jewtuschenkos betrat, um einen konspirativen Weg zu finden, Brodsky in der Zeitschrift »Junost« zu drucken, und es schien, dass alle ewig jung sein würden und die Freundschaft niemals enden würde, und ich, der zufällige junge Lauscher, jubilierte ganz uneigennützig beim Anblick einer so großartigen Freundschaft ... »und das ist«, sagte Jewtuschenko, wobei er auf mich zeigte, »ein genialer Chlebnikow-Forscher...«, seine Freunde sahen mich mit Interesse an ... Axjonow mit mehr, Brodsky mit weniger Interesse ... »Wassja«, sagte Axjonow mit Boxergrinsen ... »Iossif«, sagte Brodsky ohne ein Lächeln ... ich, Philologe im ersten Semester, hatte Jewtuschenko meine Seminararbeit über Neologismen bei Chlebnikow gebracht ... ich lief über und über rot an ... an Jewtuschenkos Wänden hing die Avantgarde ... Jewtuschenko bot allen einen Platz an ... er gab uns dreien das neueste Spielzeug der New Yorker Polizei in die Hand: ein Walkie-Talkie ... und verschwand selbst mit dem anderen Teil des Spielzeugs in der Toilette ... »ich lese euch jetzt meine neuen Gedichte vor ...«, wir hielten unsere Ohren an das Spielzeug ... Axjonow mit, Brodsky ohne Interesse ... »Ich bin Goya ...!« zischte plötzlich jewtuschenkomäßig laut das Spielzeug ... alle waren platt ... der Scherz war geglückt ... ein unerhörter Gin Tonic floss vier Kehlen hinunter ... Jewtuschenko zog die Schreibtischschublade heraus ... darin lagen ungeahnte grüne Geldscheine ... wir rauchten nur *Winston* ... Brodsky bemerkte, dass man ihm in seine dörfliche Verbannung *Kent* geschickt habe ... kistenweise ... er habe die Wände mit *Kent* tapeziert ... das machte ebenfalls Eindruck ... man wollte auch gern verbannt werden ... gegen Morgen fand sich eine Arbeit für mich ... mit Ach und Krach übersetzte ich ihnen schmeichelhafte amerikanische Artikel über sie selbst aus Proffers »TriQuarterly« ... einige schmeichelhafte Epitheta erfand ich nebenbei selbst, aus reiner Ergriffenheit ... mich wunderte, wie schlecht die drei Englisch konnten ... oder kam mir das nach dem Gin nur so vor ...? Als es schon ganz hell war, bestiegen Brodsky und ich ein Taxi ... ich nahm vorne Platz ... er auf dem Rücksitz ... nach einigen Minuten entströmten seinem Munde irgendwelche unbestimmten Laute ... ich blickte mich nervös um ... »das sind nur Gedichte ...«, bemerkte der Dichter ruhig ... ich wohnte einer heiligen Handlung bei ... am Weißrussischen Bahnhof trennten wir uns, eigentlich für immer ... »hier sieht jeder Zweite auf der Straße wie Brodsky aus ... guck mal ... der da an der Ampel steht ... na? ... eine Stadt der Brodskys ...«, sagte in Manhattan, es muss im Jahr 1988 gewesen sein, Axjonow zu mir, der einen Mercedes lenkte ... und er lachte gallig, wobei er heftig die Nase rümpfte ... im Herbst 1994 in Toronto saßen Brodsky und ich wieder zu zweit in einem Auto ... »beachten Sie mich nicht«, sagte der Nobelpreisträger ... »es gibt mich nicht ... das ist nur eine Hülle ... ich bin heute Morgen aus Mailand angekommen ...«, »und ich aus Moskau«, sagte ich ... »aus Moskau?« fragte Brodsky leicht spöttisch ... »existiert das etwa noch ...?« ich stellte hastig eine Liste von gemeinsamen Bekannten zusammen ... »Ah, Schenka ...!« reagierte er zerstreut auf den Namen desjenigen, den er einmal seinen Lehrer genannt hatte ... »Und B.«, sagte ich, »hat irgendwelche ernsthaften Probleme mit dem Kopf ...« Brodsky dachte nach ... »er überlebt«, sagte er überzeugt und irrte sich nicht, »für ihn ist es zum Sterben noch zu früh ...«, »und erinnern Sie sich noch«, fragte ich, »an den Abend bei Jewtuschenko ...?« Wir fuhren im Expresslift hoch in die letzte Etage eines Wolkenkratzers ... zu einem Schriftstellerbankett mit Feuerwerk ... Brodsky lächelte plötzlich menschlich ... und für mich bleibt, solange ich *all das* nicht vergessen habe, »Fahrkarte zu den Sternen« ein literarischer Markstein, eine Umwälzung in den Köpfen, ein kleiner Schritt eines einzigen Schriftstellers, aber ein Erdrutsch für die russische Mentalität, um den Ausspruch eines Astronauten zu bemühen, der bis zum Mond flog. Und die Bücher, die auf »Fahrkarte zu den Sternen« folgten, sind eine Bestätigung der sich wandelnden Mentalität, eine neue Aufregung, ein Triumph der Frechheit, die sich zum allgemeinen Glück zuerst in eine gemeinsame Sache verwandelt hat und dann in einen Gemeinplatz.

Die Schriftsteller, die mit Axjonow groß geworden sind, wissen: Er war es, der die Regeln eines neuen literarischen Spiels entdeckt hat, er hat als Erster unter den Bedingungen moralischen Drucks die würgende Krawatte gelockert, und die Schriftstellerhälse bekamen wieder etwas Luft. Und er freute sich nicht nur für sich selbst. Er war immer von einer seltenen Großzügigkeit.

Soll man denn an Geschmacklosigkeiten und komsomolzenhaften Konnotationen seiner Helden herumkritteln, vor allem, da das heute sogar – na ja – witzig ist? Und dass der »alte Hem« und Maestro Nabokov seine intertextuellen Freunde geworden sind – das hat die präborghesianische Ära so verfügt.

Es geht nicht um »Tschuwaki« und langbeinige »Tschuwichi«[19]. Und nicht um die Literaturgeschichte. Sondern darum, wie frisch die Rosen einmal waren.

Was kostet eine Prostituierte?

Jede Frau handelt mit ihrem Körper. Sie verschenkt Küsse wie Probefläschchen mit Parfüm, und mit dem Rest treibt sie Handel. Erfolgreich oder erfolglos, in großem oder kleinem Maßstab, bewusst oder unbewusst. Oder aber *neo-unbewusst* wie die Feministinnen.

Frauen sind empfindlich. Ihre Empfindlichkeit, die jederzeit an die Oberfläche der Beziehungen zwischen Mann und Frau treten kann, entblößt die Gesetze des Marktes.

»Warum schenkst du mir nie Pralinen?«

»Warum lädtst du mich nie in ein teures Restaurant ein?«

»Warum wirbt er nicht um mich?«

Das ist kein Spiel. Das sind Marktansprüche. Viele Frauen bestehen ganz aus Ansprüchen. Viele Frauen werden verdientermaßen als Schreckschrauben bezeichnet.

»Warum ziehen wir nicht in eine neue Wohnung um?«

Der mittellose Mann wird verstoßen. Die moderne durchschnittliche junge Russin ist nicht abgeneigt, den »schlechteren« Mann gegen einen »besseren« und den wiederum gegen einen »noch besseren« wohl überlegt einzutauschen – bis zum Gehtnichtmehr.

Es gibt Ausnahmen. Die werden in Liedern besungen.

Wenn der Mann die Gesetze des Marktes nicht respektiert, dann ist er ein *Scheißdreck*. Oder ein Monster. Je nachdem. Wenn der Mann das Interesse an der Frau verliert, dann ist er schlimmer als Scheißdreck. Die Frau lässt nicht einmal den Gedanken daran zu, dass man sie entlieben könnte. Die Frau dreht durch, wenn sie fühlt, dass sie im Preis sinkt, dass ihre *Reize* keinen mehr hinterm Ofen hervorlocken. In dem Moment kratzt sie Ihnen die Augen aus.

Weibliche *Reize* sind gut, wenn alles beieinander ist. Langfristige Dekonstruktion halten sie nicht aus. Titten verwandeln sich in Stücke von natürlichem Fett.

Fast alle Frauen bewerten sich selbst nicht adäquat. Das heißt, sie überbewerten sich. Die hässlichen halten sich für sympathisch, die sympathischen für hübsch, die hübschen für schön, die Cherubim für Erzengel. Man begegnet nicht wenig hässlichen Frauen, die sämtliche Stufen überspringen. Keine Einzige, die sich selbst für dumm hält. Sie flicht sich Zöpfchen und setzt sich ein mittelasiatisches Käppchen auf.

»Seh ich nicht aus wie eine Türkin?«

»Wie wer?«

»Wie eine türkische Frau ...! Aus meiner Möse duftet es lecker nach gebratener Zwiebel, stimmt's?«

»Wie kommst du auf *lecker*?«

Es besteht ein extremes Defizit an Frauen, die sich *unterschätzen*.

Es gibt Nationen und Kulturen, die ganz leicht *imstande* sind, Frauen zu kaufen und zu verkaufen. In der Sowjetzeit haben die Georgier diesen Handel bis zur Perfektion getrieben.

»Mädel, da hast du tausend Rubel. Hör mal, mach es mir französisch. Aber lass die Hände weg, ja? Mit den Händen, das kann jede.«

Der Georgier kaufte sich das Mädchen, um es schön zu erniedrigen. Prostituierte beschweren sich, falls sie sich überhaupt beschweren, darüber, dass das größte Vergnügen der Männer darin bestehe, sie auf allen vieren kriechen zu sehen.

»Tolles Vergnügen«, spotten die Prostituierten.

Die russische *hohe* Kultur hat das prinzipiell nicht ertragen. Dieser Ankauf-Verkauf ging ihr gegen den Strich. Sie war einzigartig unmerkantil. Ohne zum Kern der Sache vorgedrungen zu sein oder sich mit Details abzugeben, erklärte sie die Frau für unschätzbar. Darum hatte die russische Kultur ja auch so ein angespanntes Verhältnis zur Prostitution. Sonjetschka Marmeladowa.[20] *Lebendige* Menschen, und verkaufen sich. Von den Umständen dazu gezwungen. Alle weinten vor Mitleid. Die Intelligenzia grübelte, wie man *das* mit der Wurzel ausreißen konnte.

Die Intelligenzia (als Gehirn der Nation) hat überhaupt nie begreifen können, dass die Frau auch gern fickt. Tatjana Larina[21] *kommt zum Höhepunkt*? Was reden Sie da! Das kann nicht sein! Anna Karenina? Auch sie von den Umständen gezwungen!

Und nur der russische Bauer, der ewige Rüpel, hat behauptet, dass eine gute Ehefrau einen ordentlichen Schwanz nicht verachtet.

Die Prostituierte ist schlicht wie das Leben.

Im geistigen Streit mit dem Bauern hat die Intelligenzia gesiegt. Die Prostitution wurde mit der Wurzel ausgerissen, aber irgendwie sehr künstlich. Der Markt ging in den Untergrund. Die Frauen haben gelernt, sich nach einem komplizierten bargeldlosen Abrechnungssystem zu verkaufen.

Das Glück ist damit nicht angebrochen, es hat bloß alle verwirrt.

Aber jetzt klärt sich alles auf.

Solschenizyn und James Bond

Nach aller Logik der Dinge sollten sie Verbündete sein. Beide sind Kämpfer gegen den Totalitarismus. Beide werden vom KGB gehetzt. Man möchte meinen, ihre Niederlage sei unausweichlich. Doch nein! Beide erfinden diverse Mittel zur Selbstverteidigung und bleiben, nachdem sie sagenhafte Prüfungen überstanden haben, nicht nur am Leben. Sie tragen den Sieg davon.

Aber zu behaupten, Solschenizyn und James Bond seien Zwillingsbrüder, das traut man sich denn doch nicht. Ein gemeinsamer Feind und hehre Ziele – und trotzdem kann man sich schwer vorstellen, wie sie zusammen irgendwo auf den Bermudas am Rande eines mit blauem Wasser gefüllten Swimmingpools sitzen, durch einen Strohhalm Martini-Wodka trinken und ihre Diversantenerfahrungen austauschen.

»Ich habe gehört, Sie seien kein schlechter Schriftsteller«, lächelt James Bond.

»Es gibt keinen besseren«, kichert Solschenizyn geschmeichelt.

»Und wie geht es so in Russland?« fragt der englische Agent interessiert.

»Ach, besch ... eiden«, antwortet Solschenizyn mürrisch.

»Wieso? Gorbatschow hat doch Russland der freien Welt zurückgegeben!«

»Frei von was? Von Moral?« sagt der Schriftsteller noch mürrischer. »*Dein* Gorbatschow ist ein Mistkerl!«

»Nur ruhig Blut, mein russischer Freund!« James

Bond tätschelt ihm die ehemalige Sträflingsschulter. Solschenizyn gibt ein schiefes Lächeln zur Antwort.

Beide mit Armani-Sonnenbrillen.

James Bond in einem weißen Baumwoll-T-Shirt, schwarz-grau gestreifter Hose, Hosenträgern und Socken von Hugo Boss.

Solschenizyn im schwarzen Veloursbademantel, grauer, eng anliegender Unterhose, schwarzen Hausschuhen mit sonnengelben Löwen in einem Kreis.

»Sind die Hausschuhe auch von Versace?« fragt James Bond nörglerisch.

»Alles von Versace«, sagt Solschenizyn bescheiden.

Schöne Szene, aber irreal, und das ist schade.

Viel zu unterschiedliche Leute.

Dabei hätte er ein Volksheld werden können wie James Bond! Sieben Jahre im Lager, dann rannte er mutterseelenallein »gegen eine Eiche« an und besiegte die tödliche Krankheit. Geheimverstecke, Denunzianten, westliche Journalisten, verrückt gewordene KGBler. Die ganze Welt hat über seinem Buch geheult. Die Aufsehen erregende, einprägsame Ausbürgerung. Die freundschaftliche Hand Nabokovs. Was für eine Supermann-Liste! Wo hat er einen Fehler gemacht? Wann?

Es fehlte die Ironie und Selbstironie eines James Bond.

Es fehlte das Lächeln eines James Bond oder *Gagarin*.

Es fehlten die atemberaubende Blondine und der Smoking. Es fehlte die großkalibrige Pistole. Es fehlten Witz und Lokalkolorit. Es fehlten Fröhlichkeit, Schwung und schöne Gesten.

Es fehlte der Sinn dafür, vor dem »Anrennen gegen eine Eiche« zu zwinkern. Er hat sich nicht über die russische Materie erhoben. James Bond hätte gar nicht erst versucht, »gegen eine Eiche anzurennen«. Die Worte sind nicht die richtigen: Eiche, Kalb. Nicht das richtige Charisma. Gesiegt haben russische Verdrossenheit und russischer sexueller Modergeruch.

Zu ernst war seine Ernsthaftigkeit und zu eng die Militärjacke.

Quält mich bitte nicht!

Der schöpferische Mensch stiehlt Energie, die er für sein Werk braucht, aus allen Hosen- und Jackentaschen des Seins. Die Homosexualität bildet hier keine Ausnahme, sie ist auch eine *Tasche*.

Der Künstler ist alterslos. Darin besteht sein Privileg gegenüber den Menschen. Ob Picasso nun ein alter Mann war, Großvater, Urgroßvater, impotent oder im Gegenteil ein Mann im Vollbesitz seiner Kräfte – was macht das für einen Unterschied, wo er doch Picasso war.

Es gibt indes kein traurigeres Schauspiel auf der Welt als den Anblick eines *alternden Homosexuellen*. Heruntergekommene, abgebröckelte männliche Schönheit, schlaffe Wangen, geschminkte Schläfen, aus dem Gleichgewicht geratene Gestik, die überhaupt keinen Effekt mehr hat, am wenigstens den Effekt »zu gefallen«, und vor allem die Augen, vollkommene Hundeaugen – all das ist abstoßend und beklemmend traurig zugleich. Kaum ein Homosexueller (siehe oben zu Francis Bacon) erlebt einen goldenen Herbst. Jewgeni Charitonow hat gar nicht erst bis zum Herbst gelebt. Er starb an einem heißen Sommertag im Alter von vierzig Jahren auf einer Moskauer Straße an einem Herzschlag.

Zu Lebzeiten hat Charitonow in Russland keine Zeile veröffentlicht, heute *erlebt* er den Höhepunkt seines postumen Ruhms. Er hatte ein Vorgefühl für den stilistischen Lauf der Zeit, reichte als erster russischer Literat der Rock-Kultur die Hand und wurde Chef der Gruppe »Letzte Chance«. Heute ist er ein Klassiker der russischen Schwulenkultur, sein Name ist Parole.

So ein *glänzendes* Schicksal hat er wohl kaum verdient. Ein Mann von anderen Dimensionen, war er weit entfernt von dem satten, triumphalen Knurren, das der befreiten gleichgeschlechtlichen Liebe eigen ist.

Es ist eine Ewigkeit her, dass ich Jewgeni Charitonows im Selbstverlag gedruckte kleine Erzählung »Die Backröhre« gelesen habe und mich ein beißendes Gefühl von Neid überkam. Ich wüsste kein größeres Lob für einen Text. Die Erzählung kommt direkt aus dem Unterbewusstsein und kann entweder stimulierend wirken oder einen hilflos machen. Ich weiß noch genau, wie verwirrt ich war. Ein lebender Autor, nur sechs Jahre älter als ich, der den einträchtig im Pulk Laufenden davongesprintet war. Keine Chance, ihn einzuholen.

Wir sind niemals Freunde geworden. Am ersten Abend unserer Bekanntschaft haben wir uns beinahe geprügelt, in der grässlichen, scheppernden und ratternden Moskauer Vorortbahn, mit der wir von der Hochzeit eines gemeinsamen Freundes in die Stadt zurückfuhren. Auf der Plattform zwischen den Waggons warf ich ihm mit verächtlicher Grimasse an den Kopf, er wolle mit seiner *schwächlichen, frommen* Homosexualität literarische Karriere machen. Ich war betrunken und ungerecht. Ich habe mich nie für meine Worte entschuldigt. Später noch ein paar unbedeutende Begegnungen in literarisch angehauchten Kreisen. Und schließlich die überraschend positive, letzte Begegnung. Im Gesicht weiß wie ein Laken, bissiger Blick, erzählte er, die Miliz sei unter Drohungen in seine kleine Wohnung eingedrungen, er sei vor Aufregung ohnmächtig geworden und mit dem Kopf in die Glasscheibe der Küchentür gestürzt. Plötzlich waren wir in allem einer Meinung, erklärten unsere gemeinsame Liebe zu Dobytschin, woraufhin er anfing, mir

»männliche« Komplimente zu machen, die mich in Verlegenheit brachten … Ich zuckte einfach die Schultern.

Empfand ich niederträchtigerweise Erleichterung, als er starb? Mein Neidgefühl jedenfalls hat sich lange nicht in Luft auflösen wollen. Auf seiner Beerdigungsfeier kotzte die Boheme sehr viel. Irgendeine Frau zog ihren Pumps aus und bearbeitete rhythmisch mit dem spitzen Absatz den Kopf ihres Tischnachbarn.

Dann schaltete sich der *rosa* Zähler ein, und alles begann zu flimmern.

Eine Epoche brach an, in der junge, fröhliche Leute mit ästhetisch *richtigem* Schmachten sich gegenseitig und alle ringsum bumsten. Sie trugen lange italienische Mäntel. Als keiner mehr da war, den man bumsen konnte, fuhren sie zum Kiewer Bahnhof und nahmen sich für ein Stück Schokolade ein paar junge Rekruten. Und erzählten dann sehr viel und fröhlich davon.

Dann kam die Zeit, in der Wiktjuk in den Theatern unter Ovationen mit »Schleudern« schoss und die Journalisten über jeden berühmten Mann sagten, er sei *schwul*, und es zum Thema wurde, sich als schwul zu outen.

Dann siegte die Homosexualität endgültig und verschwand unverzüglich als Gegenstand modischer Gespräche in der Versenkung.

Charitonow blieb jedoch als Thema erhalten.

»Ich bin ein Mäuschen. Ich flitze ganz, ganz schnell umher, suche Krümel.« Dies ist sein verbales Selbstporträt aus dem Buch »Unter Hausarrest«, das wie eine Herausforderung an alle vorhergehenden geistigen Dramen der russischen Kultur klingt. Jedem das Seine, für Charitonow bleiben die Krümel.

Der Titel »Unter Hausarrest« ist eine Metapher für sein Leben, den *zweifachen* Untergrund (literarisches Dissidententum und Homosexualität). Der ganze Charitonow besteht aus Splittern: Prosa, Gedichte, Tagebuchaufzeichnungen, die »Tränen auf Blüten« heißen, Brieffragmente und das hinterlistige Manifest »Flugblatt«, das behauptet: »Ihr seid alle unterdrückte Homosexuelle.«

Wahrscheinlich ist das eine für die Rundumverteidigung nützliche Übertreibung. Zugegeben, ich sehe weder ein Problem in der »biologischen« Homosexualität (wo es einfach keine Wahl gibt) noch in der »sozialen« (wo vieles auf freier Wahl und dem bewussten Übergang von einem Spiel mit den Umständen über eine *Grenze* hinaus in eine andere Existenz basiert), mit Ausnahme des Problems der Gewalt und Verführung Minderjähriger (die Rolle, die dem Opfer zukommt, regte Charitonow auf und beunruhigte ihn). Homosexualität ist keine Eintrittskarte in eine exklusive Welt, kein Anlass zum Stolz, aber auch kein Grund für Erniedrigung. Homosexualität ist eine zielgerichtete Form der Leidenschaft.

»Ich bin ein Mädchen«, lächelt mir der Rocksänger, Publikumsliebling in einem Nachtclub, zu und trinkt sein Glas aus. »Riech mal.« Er hält mir seine Wange hin. »Wie ich rieche!«

Ich wundere mich über gar nichts. In jedem Mann lebt wahrscheinlich eine Frau, sogar in denen, die niemals im Leben davon geträumt haben, Damenwäsche anzuziehen, aber Phantasien (darum sind es ja Phantasien) nähren sich gern von allem Möglichen, einschließlich der wüstesten Vorstellungen von gleichgeschlechtlicher Liebe.

Phantasien sind die Prüfung der Nation auf sexuelle

Reife. Russland hat dieses Wort noch nicht verinnerlicht, den Begriff nicht reflektiert. Worauf holt sich der russische Mann einen runter? Männer *wichsen*, aber *was haben sie im Kopf*, wenn sie wichsen? Süßen Nebel? Minderjährige mit Babypopo? Ein gelöstes Strumpfband aus einem Hollywoodfilm der fünfziger Jahre? Eine kollektive Vergewaltigung, an der sie beteiligt sind?

He!

In Russland indes, bei all seinem Reichtum an »folkloristischer« Männerliebe, reimt sich Toleranz auf Bordell, und Homosexualität, ungeachtet aller Siege, bleibt nach wie vor geschlechtliche Häresie unter »normalen«, »spießigen« Leuten.

Übrigens stehen die Dinge irgendwo da im Mittelwesten bei all seiner *politischen Korrektheit* im Grunde nicht besser. Die Natur gibt sich nicht geschlagen. Sie wird ihr lebendiges Interesse an der Kinderproduktion auch weiterhin betonen.

Charitonow, der die Schwäche pries als »eine feine, unnahbare, für den abgestumpften Blick unsichtbare Macht«, glaubte, er sei nach dem Evangelisten Johannes und Oskar Wilde der drittbedeutendste Schriftsteller der Welt.

Wenn dieser Glaube ihm die Möglichkeit verschafft hat, ungeachtet des Kesseltreibens weiterzuschreiben, dann hatte er Recht. Auf jeden Fall haben sein Comingout (im Russland Breschnjews) und die *Tabuisierung* der Schwulenthematik ihm einen plastischen, *passionshaften* Stil diktiert, seine besondere »luftig leichte Blumenart«. Es entstand ein *neues Schreiben* über die Liebe: leidenschaftlich, extrem offen und schüchtern, atemlos, innerlich angespannt wie kurz vor dem Infarkt. Seit Turgenjew hat die russische Literatur eine so reine, scheue Liebe nicht gesehen.

Und aus der Erde heraus tönt Charitonows Stimme:

»Quält mich bitte nicht!«

Beschreibung des Gegners

Die Ungarn waren zum Sieg verdammt. Soll man ihn als Sieg der Buchführung über sich selbst bezeichnen? Ihre Mannschaft war so schön, dass sie einzig aus zerzausten, auserlesenen Homosexuellen zu bestehen schien, die die Ehre des nationalen Schwulenklubs verteidigen sollten. Sie beherrschten die ganze Fülle von Theologie und Körperlichkeit. Diese Kombination ist stärker als ein Werbespot. Sie ist unwiderlegbar.

Fußball ist eine triviale Metapher für das Leben. Er verlangt Engagement. Die Ungarn waren dermaßen im Leben engagiert, dass keine *Transenergie* mehr übrig war. Sie waren dem Fußball immanent. Sie waren den Butterbroten immanent, die sie aßen, dem Wasser, das sie tranken, und den Zigaretten, die sie am Abend davor rauchten. Sie waren dem Herbst in Drôme endlos immanent, der Revolution in Ungarn und allen Büchern, von denen ihre Köpfe voll gestopft waren. Es ergab sich der Eindruck einer Überkreuz- oder vielleicht auch Kreis-Immanenz: Ihr Lächeln war der Ironie immanent, und ihre Ironie war dem Herbst in Drôme immanent, und der Herbst in Drôme war dank der ungarischen Revolution sowie auch den gelesenen Büchern letzten Endes ihrem Lächeln und der allgemeinen Tautologie immanent.

Fußball – *c'est les droits de l'homme*. Das Recht des Menschen auf den Besitz des Fußballs entspricht der sportlichen Konvention *gemäßigter* Aggressivität. Man darf niemanden umbringen oder zum Krüppel schlagen, aber man darf auch nicht dem Gegner zuspielen: Das ist nicht üblich. Ja, aber warum ist es eigentlich nicht üblich, den Torwart der gegnerischen Mannschaft umzubringen? Denn *such a murder, such a murder, such a murder* (so ein Mord) hätte den Ungarn geholfen, ein astronomisches Ergebnis zu ihrem Vorteil zu erzielen. Vorteil – das ist ein nötiges, aber kein Zauber-Wort. Oder was wäre gewesen, wenn im Gegenteil die ganze Mannschaft angefangen hätte, Eigentore zu schießen – zu einer *gewissen* Verwunderung des französischen Schiedsrichters mit den sympathischen krummen Beinen, die irgendeinem französischen Comic entsprungen sein müssen, und mit den viel sagenden Initialen J. D., auf seine Brust gestickt (womit?) mit rotem Faden (von wem?) von der geliebten Hand der tschechischen Ehefrau.

Die Verwunderung des Schiedsrichters kann übrigens durchaus künstlich gewesen sein. Hat er mir nicht zugezwinkert und während des Spiels (ich führte gerade einen Einwurf aus) zugeflüstert, dass »die sich selbst erkennende Reflexion, wie lange sie sich auch auf das Ziel zubewegt, niemals Ithaka erreichen wird«? Das war nicht so sehr mir zum Trost gesagt, nicht so sehr ein verstecktes Zitat, als vielmehr eine schon seit Schestow bekannte Binsenwahrheit, aber die Tatsache, dass J. D. in seiner Freizeit als Schiedsrichter in schwarzem Trikot arbeitete, erschien mir als ein Widerspruch in sich, als eine *Verletzung* der allgemein gültigen Regeln der Argumentation.

»Alles ist möglich! *Avanti! Anything goes!*«

Die Ungarn jedoch spielten auf eine Weise, als wollten sie widersprechen und die Frage aufwerfen:

»Bedeutet das, dass Heideggers Größe im Schweigen angesichts von Auschwitz besteht?«

Ach, in dieser Regelverletzung lag eben auch ein Hochgenuss, der der ungarischen Mannschaft nicht zugänglich war. Da die Ungarn insgeheim gegen die »disseminierte« Realität Gewalt anwandten (die Adepten einer *linguistischen Wende* betrachten sie als sprachliche) und *les effets du sens* streng kontrollierten, konnten sie nicht aufhören. Sie hätten hinfallen, sich auf dem regennassen Rasen mit Blick auf die Berge von Drôme wälzen und es prinzipiell ablehnen müssen, den Ball anzurühren. Oder schlimmstenfalls auf dem Spielfeld einen kollektiven homosexuellen Akt vollführen, eine Männergirlande, eine Schwulenpyramide, was in der Heimat des göttlichen Marquis durchaus angebracht gewesen wäre. Die Schlachtenbummler hätten ihre Freudschen Schirme wegwerfen und sie unterstützen können.

Doch die Kritik der Vernunft, sofern sie zumindest die minimale Kraft der Diagnose zu bewahren wünscht, darf nicht total sein. Auf den Boden rotzen – ja, bitte!, schönen männlichen, mit Deodorant vermischten Schweiß ausschwitzen – zum Teufel, ja! ja!, aber man muss fähig sein, zu einer *Prügelei bis zum Gehtnichtmehr* sein ungarisches »Nein« zu sagen.

Die *gemäßigte* Aggressivität der Ungarn in einem Freundschaftsspiel, ihre *gemäßigte* Vorwärtsbewegung, ihre eleganten Pässe, ihre Stimmen, das bergige Echo der logozentrischen Tore ergaben den weichen Eindruck eines Lebenskontinuums von extradiskretem Charakter, das heißt, eines Zustands des Lebensgemäldes, auf dem sich weder Löcher noch tiefe Einschnitte entdecken ließen.

Die Lebensbejahung der menschlichen Würde und der semantischen Vorhersagbarkeit trug den sicheren Sieg davon.

Jerofejew gegen Jerofejew

(Die Metaphysik der Namensgleichheit)

1. »Der neue Asiate«

Als ich schließlich in der Zeitung »Der neue Asiate«, die in Delhi erscheint und mir von der indischen Botschaft zusammen mit einer liebenswürdigen und wirren Notiz eines gewissen Herrn Patnaik zugeschickt wurde, die mitleidigen Zeilen über mich als Opfer des Vergleichs mit meinem großen Namensvetter las (»Poor Victor!« rief der indische Journalist aus), dachte ich: »Guten Morgen, Indien! Auch du bist aufgewacht!« Und ich begriff, dass dies nie ein Ende haben wird: Ich habe es mit einem globalen Komplott zu tun, und das Urteil lautet auf lebenslänglich. Zuerst in Moskau, weiterhin in der russischen Provinz, dann in Europa und den USA, heute in Indien, morgen in Äthiopien, übermorgen in Borneo und Feuerland werde ich, wie ich immer dastand, auch in Zukunft als heiliger Sebastian mit auf dem Rücken gebundenen Händen dastehen, und jeder, der nichts Besseres zu tun hat, wird mich mit aller Kraft vergleichen.

»Der neue Asiate« erwies sich indes als weitaus raffiniertere Waffe des Komplotts, als ich es zunächst erwartet hatte. Nach intensiverer Beschäftigung mit dem auf gelblichem Dritte-Welt-Papier gedruckten Text entdeckte ich, dass er nicht von einem mir unbekannten Inder stammte, sondern von meiner englischen Bekannten, Mitarbeiterin des Kulturressorts der »Times«, die mehrmals recht freundlich über mich geschrieben hatte, und sich nun, nachdem sie die Londoner Inszenierung nach dem Buch meines Namensvetters gesehen hatte, des armen Yorick erinnerte und sich so redegewandt von mir lossagte, dass »Der neue Asiate« einfach nicht anders konnte, als den Artikel aus dem wichtigsten Organ der ehemaligen Kolonialherren nachzudrucken.

Übrigens zweifelte ich nicht mehr daran, dass die Netze der Verschwörung nicht von einem imaginären Inder oder einer mir bekannten Engländerin gesponnen wurden, sondern dass in diesem Schauspiel immer schon die – um nichts Schlimmeres zu sagen – *hinter den Kulissen* agierende Hand des Meisters zu sehen war.

2. Der Genius des »-los«[22]

Wenedikt Jerofejew hat sich als Genius verwirklicht. Der russische Genius ist ein Genius des Lebens. Das Leben eines russischen Genius ist identisch mit den nationalen Idealen. Er wird durch sie definiert, und er definiert sie. Die nationalen russischen Ideale sind gleichermaßen nicht negativ und nicht positiv. Sie tragen eher eine positive Negativität in sich, festgehalten im Wortfeld des Suffix -*los*.

Das Suffix -*los* ist nur der Anschein von Beschädigtsein, in Wirklichkeit aber bestätigt es das Beschädigtsein des Anscheins.

-*los* ist eine Herausforderung an jede Form des konstruktiven Lebens als unwürdige Angelegenheit, die Verachtung verdient; in der russischen Welt ruft es eine Erektion der Verehrung hervor.

-*los* ist eine teure und billige Versuchung. Teuer für diejenigen, die fähig sind, den Positivismus des Lebens zu überwinden. Billig für diejenigen, die nicht fähig sind, ihm zu entsprechen. Auf dem Weg zum -*los* begegnen einem seelisch Starke und seelisch Schwache, und unmerklich bilden sie eine Masse, in der für jeden Platz ist, sich zu verlieren.

-los ist der positive Pol des Benachteiligtseins, die Verwandlung des Verlusts in Erwerb, die einhergeht mit der christlichen Axiologie und in Analogie absolute Bedeutung erlangt. Der moralischen Initiative wird zuvorgekommen: *-los* wird selbst zur moralischen Instanz. Gott ist nur noch einen Steinwurf entfernt. Hauptsache, man wirft in die richtige Richtung. Das »Christus-Spiel« garantiert, falls *das Leben* auf eine Karte gesetzt wird, einen großen Gewinn. Es erfolgt eine Emission mythologischer Energie. Resultat: das Poem »Die Reise nach Petuschki«.

-los ist das Schlüsselwort in »Petuschki«. Worte mit *-los* finden sich massenhaft, wiederholen sich wellenartig, vielmals, hartnäckig und *unbewusst* für den Autor. Durch *-los* werden die grundlegenden Begriffe des Lebens erklärt. Siehe Text:

Liebe ist besinnungslos.
Sex ist schamlos.
Leidenschaft ist besinnungslos und schamlos.
Das Leben (wie auch der Schluckauf) ist systemlos.
Der Verstand ist machtlos.
Der Atheismus (der Gottlose) ist unschön.

»Wir« (die Russen) sind hilflos, verständnislos, hoffnungslos, teilnahmslos, sinnlos und *auch* unschön (*ohne* negativ zu sein), zugleich aber: grenzenlos, sorglos, furchtlos und sogar unsterblich (*ohne* positiv zu sein).

»Petuschki« ist ein Poem der russischen Modalität. Der Unterschied zum Orient besteht in der Abweichung vom *nicht* und in der Tendenz zum *-los*. Der Orient hat unzählige Girlanden mit dem Wort *nicht* in »Petuschki« eingebracht: Er arbeitet nicht, er lernt nicht, er raucht nicht; aber all diese *nicht* beunruhigen und reizen die russische Seele. Sie flieht die orientalische fundamentale Unbeweglichkeit, sie akzeptiert die Existenz der westlichen Bewegung, negiert sie jedoch an der Berührungslinie und zieht der Bewegung *oder* der Unbeweglichkeit den bewegungs*losen* Zustand vor. Das *nicht* in »Petuschki« ist eine äußerliche, oberflächliche, politische Negierung; das – *los* ist der nationale Backofen.

»Weiß der Teufel, in welchem Genre ich in Petuschki ankommen werde ... Von Moskau an waren es nur immer philosophische Essays und Memoiren ... Jetzt beginnt ein Kriminalroman.« Mit dem Genrewechsel (Ende des ersten Drittels des Textes) fliegen in »Petuschki« alle *-los* davon, wie Knöpfe oder Engel. Es bleibt der Text – ein Vorbote permanenter Ironisierung. Es bleibt der Autor, der *ohne* Fahrkarte, ohne Geld, ohne Jabot, ohne Glas, ohne Butterbrot und ohne Nüsse für den Sohn unterwegs ist.

Das Poem gäbe es nicht, wenn das Jerofejewsche »Ich« und das russische »Wir« *voneinander getrennt* wären. Das Poem existiert, da das Jerofejewsche »Ich« und das russische »Wir« sich als *nicht miteinander verschmolzen* erweisen. Und schließlich erweisen sich auch Autor und Erzähler als *nicht verschmolzen* und *nicht voneinander getrennt*. Das theologische Prinzip der Dreifaltigkeit hat das Poem in ein nationales Musterbeispiel verwandelt. Die geschlossene russische Welt des Poems erwartete vom Autor ihre Rechtfertigung, blieb jedoch, wie wunderbar, nicht ganz gerechtfertigt, dafür gelang die Jerofejewsche Selbstrechtfertigung in vollem Maße.

Vaterlosigkeit ist – in der russischen Struktur – besser als jede Vaterschaft. Der Selbstlose ist besser als der Geschäftemacher, ebenso wie Uneigennützigkeit besser ist als jede Eigennützigkeit. Leben ohne Pass, ohne Meldeschein, ohne Diplom und Unterwäsche, bedingungslos, unbewusst, zügellos, hemmungslos, gnadenlos, kompromisslos – all das bedeutet *auf Russisch*, tadellos zu leben.

So lebte Jerofejew.

3. Bekanntschaft

Ich lernte Jerofejew im Lift kennen. Er blickte geradeaus. Ich blickte auf meine Füße. Wir fuhren schweigend nach oben.

Uns beiden war klar, dass er in jeder Hinsicht besser war als ich. Er war größer, schöner, gerader, vornehmer, erfahrener, kühner, stilvoller, stärker im Geiste. Er war unendlich talentierter als ich. Er war *mein* Abgott, mein Idol, die aus einer französischen Zeitschrift herausgeschnittene Fotografie, der Kultautor meines Lieblingsbuchs. Wir standen im Lift eines Hochhauses in einem dieser verrotteten Plattenbaubezirke. Er sagte, weiterhin geradeaus blickend:

»Du könntest dir mal einen anderen Namen zulegen.«

Ich sah ihm unwillkürlich direkt ins Gesicht. Das hätte ich besser nicht getan. Er stand da im Mantel, mit etwas schief sitzender Mütze, die ihm ein leicht keckes Aussehen verlieh und einen schönen Kontrast bildete zu dem bis obenhin zugeknöpften weißen Hemd und dem früh ergrauten Haar. Sein Gesicht hatte einen etwas angewiderten und etwas gnadenlosen Ausdruck, für so ein kleines Opfer aber durchaus ausreichend.

»Zu spät, Wenja, zu spät«, sagte ich mit der verzweifelten Würde eines kleinen Äffchens (eines tapferen Mitglieds der demokratischen Bewegung, eines Organisators des Almanachs »Metropol« und inzwischen des Autors der »Moskauer Schönheit«).

Ich war selbst an allem schuld. Ich hatte mir selbst ein Bein gestellt. Wozu hatte ich mich in diese Chruschtschowsche Bruchbude geschleppt, um mir anzuhören, wie er sein eben geschriebenes Stück vorliest? Ich hatte mir doch gelobt, ihn nicht kennen zu lernen. Ich hatte *schreckliche* Lust, ihn kennen zu lernen. Ich erinnere mich nicht, wann ich »Petuschki« zum ersten Mal gelesen habe, irgendwann Anfang der Siebziger, aber dafür erinnere ich mich genau an mein kindisches Entzücken – Sherry! Der Kreml! Der Kuss von Tante Klawa! Revolution in Petuschki! Der Arsch auf der Plattform von zwei Seiten und Frauen, die aus der Hocke auf Iljitsch schießen! – und an meinen ursprünglichen Leichtsinn ... innere Abgeschiedenheit ... wer hätte das gedacht ...! Ich hatte gar nicht darauf geachtet ... dass wir Namensvettern sind. Schon früh wurde ich mit ihm verwechselt ... das war qualvoll schmeichelhaft für mich ... ich verneinte, war zugleich verlegen und froh, dass es einen Anlass gab, über sein Buch zu sprechen ... und, so äußerte ich mich später auch in den Zeitungen, es stimulierte mich ... dass man mich verwechselte ...

Die ganze Wohnung hatte sich in eine rituelle *Küche* der Untergrundkultur verwandelt, die (wie sich später herausstellte) in den letzten Zügen lag: Das Jahr 1985 hatte begonnen. Bevor Jerofejew zu lesen anfing, ließ er die Mütze herumgehen. Das junge Andersdenken kramte in seinen Taschen auf der Suche nach einem Dreirubelschein. Die Mütze füllte sich bis an den Rand. Wer geht was besorgen?

Ich erbot mich. Nicht ohne den geheimen kindlichen Gedanken, trotz allem zu gefallen und mich zu rechtfertigen (wenigstens für die holländische Geschichte, s.

dazu weiter unten). Ich war der Einzige, der ein Auto hatte.

»Aber warte, fang nicht ohne mich an zu lesen«, warnte ich Jerofejew und fuhr los zu einem sowjetischen Weinladen mit dem unwiederholbaren und unvergesslichen Geruch, den das ganze Land gerochen hat. Nach einer halben Stunde Schlangestehen kaufte ich eine Kiste trockenen bulgarischen Rotwein und schleppte sie in die Wohnung der zukünftigen Freunde der Perestroika. Jerofejew las bereits, unter Missachtung unserer Vereinbarung. Ich blieb verwirrt auf der Schwelle stehen. Jerofejew unterbrach die Lesung und sagte entschuldigend:

»Lass mich den ersten Akt zu Ende lesen, und dann trinken wir einen.«

Die Kiste Wein war *stärker* als die Lesung. Ich hörte eine Intonation heraus, die an heiliges Narrentum erinnerte und an Aufrichtigkeit grenzte. Als Jerofejew zu lesen aufgehört hatte, sammelte seine Frau Galja die Manuskriptseiten ein, legte sie in einen Aktendeckel und setzte sich zum Schutz rührenderweise mit ihrem Popo drauf.

»Damit nichts wegkommt«, erklärte sie wichtig.

Der Wein war Mist. Ein Kennenlernen fand nicht statt. Die Metaphysik der Namensgleichheit begann zu wirken: In der Tiefe meiner Seele war ich froh, dass mir das Stück nicht gefallen hatte.

4. Die Metaphysik der Namensgleichheit

Der Namensvetter ist ein übler Doppelgänger, eine Drohung, ein Schatten, lauter Unannehmlichkeiten. Er stiehlt *deine* Energie, wobei er absolut nichts tut, allein durch die Tatsache seiner Existenz. Der Namensvetter ist immer ein Usurpator, ein falscher Dmitri, die Schritte des Kommandeurs, der steinerne Gast, der Anspruch auf dein Ich erhebt, auf deine Identität.

Schon der gleiche Vorname ist eine Usurpierung, eine üble Analogie. Wenn es in einer Runde zwei Iras gibt, ist das irgendwie peinlich, als hätten sie beide die gleichen Steghosen an. Der Namensvetter mit dem gleichen Familiennamen eignet sich wesentlichere Dinge an. Er erhebt Anspruch auf Autorschaft, verursacht Unstimmigkeiten, zerstört die Ganzheitlichkeit der Wahrnehmung. Es stellt sich heraus, dass du nicht der Einzige bist. Du bist reproduziert, also erniedrigt.

Der Namensvetter ist ein Feind. Ein Verwandter, der denselben Namen trägt, ist ein Sammler von Energie, ein gemeinsamer Topf. Mit ihm muss man nicht teilen, auf ihn darf man stolz sein.

»Das bin nicht ich. Das ist mein Bruder«, sagt man lächelnd.

»Das ist mein Namensvetter«, sagt man immer gereizt.

Auf einem Plakat siehst du deinen Namen – der Namensvetter. Das ist ärgerlich.

Wenn der Familienname verbreitet ist, gewöhnt man sich wohl oder übel an Namensvetter. Wie an einen physischen Defekt, wie an ein Hinkebein. Wenn der Familienname selten ist, kann einen die Namensgleichheit freuen. Man möchte sehen, wer noch diesen Namen trägt. Eine Begegnung in der Wüste.

Ein Elend sind Familiennamen mit mittlerer Häufigkeit.

Jerofejew ist ein Wort mit zwei griechischen Wurzeln. Er hat eine Beziehung zur Liebe (Eros; in der Ukraine schreibt man diesen Namen mit E am Anfang) und zu Gott (eine gemeinsame Wurzel mit Theologie, Theosophie, Theodizee). Ins Russische übertragen wäre das »Bogoljubow« (deutsch etwa: Gottlieb). Aber Bogoljubow steht phonetisch um Klassen höher als Jerofejew. Bogoljubow hat bekanntlich etwas Vornehmes; Jerofejew ist ein plebejischer Name, der leicht in billige Spitznamen, fast Spottnamen wie Jerofei, Jerofa, Jeroschka übergeht und dann natürlich in die Bezeichnung der bekannten Billigwodkamarke »Jerofeitsch« (damit wurde gern in sowjetischen humoristischen Texten gespielt).

Der Name ist reich an *griechischer* Bedeutung, aber auf russischem Boden ist er irgendwie verwischt und unklar, mit der wenig angenehmen Lautverbindung »fe«, was an »fu« (deutsch: pfui) erinnert. Außerdem wird er oft verwechselt. Meine Lehrer konnten sich nie an meinen Namen erinnern: Mal hieß ich Jefremow, mal Jeremejew. Oder auch Dorofejew. Und (für meine Mitschüler) Malofejew wie der Fußballspieler. Und von da war es nicht mehr weit bis zu Malafja (russ. veraltet für »Sperma«) ... Und immer war es unangenehm, wenn mein Name verwechselt wurde. In der Wäscherei haben die Frauen, die die schmutzige Wäsche annehmen, immer wieder versucht, mich mit ihrem Wäschestift »Jarofejew« zu schreiben.

Aus so einem Namen etwas Festes, Definitives zu machen ist ein großes Problem. Wenn man es tut, wenn es gelingt, dann ärgert einen der Namensvetter besonders, denn er dringt in das eigene Territorium ein. Die natürliche Reaktion ist, ihn zum Teufel zu jagen. Er bringt die Karten durcheinander, er nimmt das an sich, was du geschafft hast, er lebt auf deine Kosten.

Kurzum, ein Horror, den man nur überwinden kann, indem man sich seines Schicksals bewusst wird.

Mit dem Namensvetter kann es kein »Wir« geben.

Die Thesen – das eine oder andere ist noch nicht entziffert – sind dem »Autoatlas der UdSSR« entnommen. Auf dem Weg zu der Veranstaltung »Zwei Jerofejews« (1987, Kino an der Krasnaja Presnja) skizzierte ich sie auf dem Vorsatzblatt des Atlas, in der Schlange an der Tankstelle im Auto sitzend.

5. Gab es das Abendessen?
Bob war in Moskau *einer von uns*, und als er, der holländische Konsul und Freund der Boheme, zum Abendessen einlud, sagte ich gern zu. Anfang der achtziger Jahre repräsentierte Holland in der UdSSR auch die Interessen Israels; der junge, freundliche Bob half den Leuten zu emigrieren. Bevor er nach Moskau kam, hatte er in Indonesien gearbeitet; seine Wohnung bot einen exotischen, für die strenge sowjetische Hauptstadt irrealen Anblick: Korbschaukelstühle, Masken, Figuren von tropischen Göttern, Teppiche und Brücken in den Farben »Sonnenuntergang am Äquator«.

Zum Abendessen fanden sich die Konsuln verschiedener westlicher Länder ein. Kerzen brannten. Der Geist europäischer Diplomatie schwebte im Raum: Er war feierlich und ungezwungen. Außer mir gab es keine Russen. Das überraschte mich, aber nach zwei Gin Tonic begann sich meine Verwunderung aufzulösen, und nach dem dritten war sie verschwunden. Die Konsuln überschütteten mich mit zahllosen Fragen. Die Serviermädchen vom »UPDK« (der offiziellen Service-Abteilung für das diplomatische Korps) schenkten französischen Wein aus und redeten alle mit »Herr« an, wobei sie für mich eine viel sagende Ausnahme machten. »In den Knast gehörst du und nicht an diesen Tisch!« besagte diese Ausnahme, aber ich war zu sehr in Gespräche vertieft, als dass ich es hätte wahrnehmen können.

Ich saß am Kopf des großen Tisches, aß, trank viel und redete ohne Unterlass. Die allgemeine Aufmerksamkeit mir gegenüber interpretierte ich als Respekt der Konsuln gegenüber einem »interessanten Gesprächspartner«. Ich war ganz rot im Gesicht, schwitzte sogar ein wenig. Ich erklärte den Konsuln und ihren unmoskowitisch gebräunten Gattinnen, dass die russische Sprache reich und das russische Volk arm sei, und dass ich deswegen und trotzdem nirgendwohin wolle, denn jeder echte russische Schriftsteller müsse durch *sein* Schafott gehen, um *seine* Stimme zu finden. Ich merkte nicht, wie die Servierinnen die schmutzigen Teller wegnahmen und Champagner ausschenkten. Es entstand eine irgendwie besonders feierliche Pause.

»Ich möchte einen Toast ausbringen«, erklärte Bob und erhob sich mit verschwörerischem Gesichtsausdruck vom Tisch. »Wohin geht er?« Ich sah ihm nach. Die Konsuln lächelten mir freundschaftlich zu, ihre Gattinnen voller Mitgefühl. Meine Frau saß mit gesenktem Blick da. »Eifersucht? Bloß auf wen? Auf alle gleichzeitig«, befand ich.

Bob erschien auf der Schwelle. In der Hand ein Buch. Jung und immer ein Lächeln auf den Lippen, bewegte er sich entschlossen in meine Richtung. Je näher Bob auf mich zukam, desto größer wurde mein Wunsch, im Erdboden zu versinken. Das war übrigens genau mein *Schafott*, nur hatte ich nicht genug Zeit, es zu kapieren. Ich erhob mich, schob ungeschickt den Stuhl zur Seite und machte einige Schritte auf Bob zu. Die Konsuln und die tropischen Götter sahen mich mit unablässiger Aufmerksamkeit an. In Bobs Händen befand sich das soeben in

Amsterdam auf Holländisch erschienene Buch »Die Reise nach Petuschki«.

»O Gott!« schoss es mir durch den Kopf. »Was werden sie denken! Sie haben den Falschen abgefüttert!«

»Bob«, sagte ich gepresst, beinahe flüsternd, und versuchte verzweifelt, meine Schande abzuwenden. »Bob, das ist nicht mein Buch.«

Bob blieb einen halben Meter vor mir stehen und starrte das dunkelrote Gesicht seines russischen Gastes in heiligem Entsetzen an. Vielleicht dachte er, dass sein Wissen über die Russen, so sehr er sich auch bemühte, es zu erweitern, noch nicht ausreichend war, um sie in allen heiklen Situationen zu verstehen. Wer weiß, vielleicht sind die Russen bei all ihrer übertriebenen Grobheit doch so schüchtern und delikat, dass so einfache Zeremonien wie die Übergabe eines Buches bei ihnen solche Zuckungen im Gesicht hervorrufen, wie er sie an mir beobachten konnte?

»Das Buch ist nicht von mir ...«

»Und von wem dann?« fragte Bob ungläubig und leise wie ein Doktor.

»Von dem *anderen* Jerofejew«, antwortete ich.

Ich sah, wie sich Bob immer mehr aus einem Konsul in einen hausgemachten Doktor verwandelte, der beobachtete, wie vor seinen Augen der Patient verrückt wird.

»Und wer ist das?« fragte er mich sehr zärtlich.

Er drehte das Buch um und zeigte mir auf dem Rücktitel eine Fotografie des Autors. Ich betrachtete das Foto genau. Das war *mein* Foto.

»Das bin ich«, murmelte ich vollkommen deprimiert.

»Also gibt es einen Anlass für meinen Toast«, sagte Bob immer noch zärtlich, und blickte verzweifelt in die Runde der westlichen Konsuln, als hoffe er auf Unterstützung. Jene begannen sich mit ihren Champagnergläsern feierlich von ihren Plätzen zu erheben.

»Warten Sie!« rief ich den Konsuln zu. Die Konsuln setzten sich. »Das bin ich«, wiederholte ich, an Bob gewandt, in dem Wunsch, mich zu erklären, obwohl ich noch nicht wusste wie. »Aber dieses Foto hat keine Bedeutung. Er hat einen *anderen* Vornamen.«

»Vornamen?« fragte Bob skeptisch. »Was für einen Vornamen?«

»Wenedikt«, brachte ich hervor.

Bob drehte das Buch um. Auf dem Titel stand geschrieben: Viktor Jerofejew.

Ich konnte dem nichts entgegensetzen. In Bobs Hand erschien ein Champagnerglas.

»Trinken wir ...«, begann er.

»Warte!« sagte ich. »Ich werde nicht trinken. Das ist nicht mein Buch.«

Bob schien die Geduld zu verlieren. Er drehte das Buch wieder auf den Rücktitel.

»Bist du 1947 geboren?«

»Ja.«

»Hast du beim Almanach ›Metropol‹ mitgemacht?«

»Doch, hab ich.«

»Und du willst behaupten, dass das nicht du bist?«

»Nein, das bin ich in der Tat«, sagte ich geduldig, inzwischen schweißüberströmt, »aber ich habe dieses Buch nicht geschrieben.«

»Das heißt, der holländische Verleger ...« Er verstummte und wusste nicht, was er weiter sagen sollte.

»Ja, ja, genau«, nickte ich verzweifelt.

Bob sah mich aufmerksam an. Es verging keine halbe Minute. Schließlich leuchtete in seinem Gesicht ein Hoffnungsschimmer auf. Er verbreiterte sich. Plötzlich erstrahlte sein ganzes Gesicht im Feuer des Begreifens. Bob setzte das Champagnerglas ab und fasste sich an den Kopf. Jetzt kam es mir so vor, als werde er vor meinen Augen verrückt.

»Wieso bin ich nicht gleich darauf gekommen!« rief er erleichtert aus und sah die Konsuln an. Dann richtete er seinen Blick auf mich und zwinkerte so heftig wie in sowjetischen Filmen über das Leben im Westen die Prostituierten ihren potenziellen Kunden zuzwinkern. Er deutete mit dem Finger auf die Decke, die Deckenlampe und die Wände. Ich folgte unverwandt seinem Finger, verstand aber nichts.

»Also, was bin ich für ein Idiot!« verkündete Bob und zwinkerte mir nochmals auf schreckliche und entsetzlich intime Weise zu. »Natürlich hast du nicht dieses Buch geschrieben! Natürlich nicht!!«

»Natürlich nicht«, wiederholte ich automatisch.

Plötzlich fiel bei mir der Groschen: Bob glaubte, ich hätte Angst wegen der Abhörgeräte, die in der Deckenlampe und unter dem Putz, in den Sesselbeinen und den Körpern der tropischen Götter versteckt waren, und darum hätte ich mich kleinmütig von meinem eigenen Buch losgesagt.

»Aber egal!« jubilierte Bob, nachdem er des Rätsels Lösung gefunden hatte. »Egal, trinken wir auf den Autor dieses Buches.«

»Gut«, sagte ich. »Auf Jerofejew!«

»Ja«, stimmte Bob ein. »Trinken wir auf Jerofejew!«

Die Konsuln wandten sich mir zu, und wir alle tranken erleichtert.

»Und jetzt«, sagte Bob, »nimm dieses Buch und überreiche es jenem, dem *anderen*«, hierbei zwinkerte er zum dritten Mal auf ungeheuerliche Weise, ohne auch nur eine Sekunde an die Existenz dieser Fiktion zu glauben, »Jerofejew.«

Ich nahm für einen Moment das Buch in die Hand. Ich stellte mir lebhaft vor, wie ich zu dem mir unbekannten Jerofejew komme und ihm das Buch überreiche. »Hier«, sage ich zu ihm, »die Holländer haben dein ›Petuschki‹ gedruckt, aber irgendwie muss es passiert sein, dass sie mein Foto und meine Biografie auf den Umschlag geknallt haben und außerdem den Namen Viktor.« Ich *hörte* das obszöne Fluchen Jerofejews.

»Nein«, sagte ich. »Ich nehme es nicht. Überreichen Sie es selbst!«

Einige Konsuln klopften mir beruhigend auf die Schulter.

»Schon gut, es geht alles vorbei«, trösteten mich die Konsuln.

Die Serviererinnen brachten den Kaffee. Statt Kaffee zu trinken, begannen meine Frau und ich uns zu verabschieden. Die Konsuln und die tropischen Götter sahen uns nach, sahen unsere panische Flucht, mein literarisches Waterloo und redeten wahrscheinlich noch lange darüber: »Können Sie sich das vorstellen? Jerofejew hat es nicht nur abgelehnt, seine Urheberschaft anzuerkennen! Er hatte sogar Angst, das Buch in die Hand zu nehmen ...! Wie schwer doch das Schicksal des russischen Schriftstellers unter dem Totalitarismus ist!«

»Oh, Sch ...!!! heulte ich über den ganzen zugeschneiten Diplomatenhof, die Fäuste ballend.

»Was haben Sie?« fragte der alte Wachmann streng, ein getreuer UPDK-Wachhund.

»Ach, ich verurteile nur den Kapitalismus«, antwortete ich ebenso streng und verließ das gastfreundliche Ghetto.

Zehn Jahre waren vergangen. Bereits aus dem Totenreich hinter den Spiegeln wurde Jerofejew Anfang der neunziger Jahre Zeuge des umgekehrten Vorgangs. Die Polen hatten eine Ausgabe der »Moskauer Schönheit« zum Druck vorbereitet und einen Auszug an die populäre, in Krakau erscheinende Zeitschrift »Przekrój« weitergegeben. Mein Namensvetter, der Lieblingsautor des örtlichen Samisdat, war in Polen ein Nationalheld. Die Zeitschrift veröffentlichte auf einer ganzen Doppelseite ein Stück aus der »Schönheit« – mit seinem Foto und unter dem Namen Wenedikt. Mehr noch, ein polnischer Kritiker verfasste zu der Publikation ein Vorwort, in dem er glänzend nachwies, dass die einzig mögliche schöpferische Entwicklung des Autors nach »Petuschki« die »Moskauer Schönheit« sein konnte. Wir waren quitt und – nicht quitt. Ich glaube nicht, dass meinem Namensvetter der Gedanke gefallen hätte, Autor der »Moskauer Schönheit« zu sein.

Aber das ist noch nicht alles.

Als ich ungefähr zur gleichen Zeit zu einer Präsentation der holländischen Ausgabe meiner »Schönheit« in Amsterdam war, wurde ich von einer beliebten Fernsehsendung eingeladen. Ich erzählte ganz Holland, was seinerzeit im Hause von Bob passiert war. Der Moderator lachte wie verrückt. Wie verrückt lachten auch die Kameraleute und das im Studio versammelte Publikum. Meine Geschichte half dem Buch zweifellos, in Holland ein Bestseller zu werden.

Am folgenden Tag rief Bob im Studio an. Er war schon

lange aus Moskau zurückgekehrt und führte ein ruhiges Leben im Land der Tulpen. Bob erklärte dem Moderator, meine ganze Geschichte sei *nicht wahr* und es habe überhaupt kein Abendessen gegeben!

Ich war einfach platt. Wie das, es hat keins gegeben?! Und deine tropischen Götter? Sind sie etwa nicht Zeugen? Und meine Frau? Und die UPDK-Agenten? Und die Konsuln aus aller Welt? Was redest du?! In welche Dimensionen des Lebens willst du mich hinabstürzen?

Alles hat es gegeben. Wenja und auch das Abendessen. Und dich auch, Bob. Nicht doch.

6. Bei Achmadulina auf dem Dachboden

Die literarischen Dissidenten hatten auch ihre Schulterstücke. Die Hierarchie war streng. Unterwürfigkeit wurde begrüßt. Der Mechanismus der Rangzuerkennung war nicht leicht zu verstehen. Es existierte kein einheitliches Zentrum, doch es gab unausgesprochene Regeln der Unterordnung. Der Marschallstab befand sich in den Händen Solschenizyns, aber er war zu weit weg. Brodsky bekleidete ebenfalls den Posten eines Marschalls, aber das war eine andere Art Truppe, und außerdem war Brodsky auch weit weg.

Das liberale Dissidentenlager in Moskau zählte einige Generäle wie Wladimow oder Kopelew. Einige von ihnen waren kapriziöse, harte Leute, die mit einer besonderen Leidenschaft alle ringsum verbrecherischer Kontakte zum KGB verdächtigten. Der jeweilige Ruf ergab sich aus literarisch-politischen Kriterien. Mut und Talent waren die Hauptkomponenten, die nicht selten miteinander konkurrierten. Selbstaufopferung galt als guter Ton. Es galt außerdem als guter Ton, im Ruf eines nicht allzu »angenehmen« Menschen zu stehen, der auf die

Frage »Wie spät ist es?« irgendeine Gemeinheit belehrenden Charakters zur Antwort geben konnte.

Nach dem Skandal um »Metropol« wurde mir ein mittlerer Offiziersrang zuerkannt, so etwas wie Oberstleutnant, und schon bald träumte ich davon abzudanken, aber es gab kein Entkommen: Ich hatte kleinere subversive Arbeiten auszuführen.

Gerettet und zersetzt wurde *unsere* ganze Armee von einer Neigung zur Boheme. Ein wichtiges Zentrum der Boheme war das Atelier von Messerer und Achmadulina in der Worowski-Straße. Irgendwann wird ein gewiefter Doktor der Wissenschaften die Menge der dort konsumierten Getränke untersuchen und zu astronomischen Ergebnissen kommen. Das Auftauchen meines Namensvetters in dieser Szene war etwas verspätet, teilweise notgedrungen (er war krank und brauchte Hilfe), teilweise folgerichtig. Jerofejew besaß den Ruf eines Nationaleigentums, spielte freilich seinen Generalsstatus nach den Noten eines Renegatentums à la Rosanow aus. Das war schön, obwohl dieser Ort radioaktive Eitelkeit ausstrahlte, was das Bild ein wenig verwischte. Dafür wurde das Pathos der Freundschaft bis zum Äußersten getrieben. Nur nicht zwischen uns. Zwischen uns war einseitige Liebe. Ich konnte nicht einmal einen Waffenstillstand erreichen. Jerofejew war konsequent in seinem fernen, missgünstig feindseligen Verhältnis zu mir. Aber wir wären keine Russen, wenn wir nicht wenigstens einmal in eine *Geschichte* geraten wären.

Auf dem Dachboden war ein Riesengelage im Gange – Bella und Boris reisten ins Ausland. Liberale Zeiten brachen an. Mein Namensvetter hatte die Operation hinter sich, man hatte ihm den japanischen Bauchrednerapparat eingesetzt. Mitten in der Nacht traf er auf mich und sagte ruhig mit seiner Bauchrednerstimme (in einem Ton, wie ihn jetzt General Lebed kultiviert), dass er nicht mag, was ich schreibe.

Ich verlangte keine Erklärungen, da ich die Natur des Genres begriff: je mehr Fragen, desto mehr Streit. Umso mehr, als sich all das vor Publikum abspielte. »Du magst es nicht, dann lass es eben bleiben.« Wir gingen auseinander. Gegen Morgen verlor der Namensvetter seinen Apparat. Allgemeiner Aufbruch. Alle waren betrunken. Mein Namensvetter saß aufrecht da wie eine Hopfenstange. Messerer und ich begannen, nach dem Apparat zu suchen, unter den Tischen, unter den Bänken, zwischen den Flaschen. Während wir auf dem Boden herumkrochen, waren die andern gegangen. Den Apparat fanden wir nicht. Jerofejew war stark betrunken (entgegen der Legende, dass er nie betrunken wurde). Und die berühmte Schauspielerin Tanja L. war noch da, total betrunken.

Der Gastgeber hatte keine Lust mehr, weiter zu suchen, er gab dem Namensvetter Geld für ein Taxi und machte die Haustür weit auf. Wir gingen zu dritt. Obwohl das zu viel gesagt ist: wir gingen. Die Schauspielerin und der Namensvetter schwankten dermaßen, dass sie sich nur mit Ach und Krach auf den Beinen hielten. Ich hatte auch getrunken, hielt mich aber aufrecht. Im Treppenhaus fielen sie immer wieder um wie bei Charms. Ich schob sie in den engen Lift, und wir fuhren nach unten. Auf der Straße schneite es wie verrückt. Die Schauspielerin war abgetreten. Der Namensvetter schwieg, da er keine Möglichkeit hatte zu sprechen. Wir hakten die Schauspielerin unter und schleppten sie die Worowski-Straße hinunter Richtung Neuer Arbat.

Ein Bild, das Breughel und Goya alle Ehre gemacht hätte. Zwei betrunkene Jerofejews schleifen eine stockbesoffene Schauspielerin durchs Schneegestöber. Ihre Stiefel pflügen den Schnee. Hin und wieder bleiben wir stehen, verschnaufen, legen die Schauspielerin aufs Trottoir, wischen uns die nassen Gesichter, klemmen sie uns wieder unter den Arm und – weiter geht's. In absoluter Stille.

Wir schleppten sie bis zur Ecke Neuer Arbat, wo eine Kirche ohne Kreuze stand. Ich lehnte die beiden gegeneinander, um ein Taxi anzuhalten. Sie fielen um. Ich versuchte sie aufzurichten.

Ich richte den einen auf und stürze zu der anderen. Jerofejew fällt in eine Schneewehe. Ich ziehe den Namensvetter hoch – die Schauspielerin fällt um. Sie liegt auf dem Asphalt wie eine Puppe. Zuerst ist das lustig, und dann denke ich: Die werden mir noch erfrieren! Idioten! Was soll ich bloß mit ihnen machen?! Kein Taxi hält. Sie sehen nur: Betrunkene. Die Zeit läuft.

Plötzlich – wirklich wie aus dem Erdboden gewachsen – ein Milizionär. Mit einem Funkgerät. Klein. Ein Dreikäsehoch. Jung und richtig bösartig. Sieht mich an und zittert geradezu vor lauter Bosheit:

»Sie sind betrunken!«

Ich stelle den Namensvetter irgendwie auf die Füße. Die Schauspielerin liegt da. Ich antworte dem Milizionär nicht.

»Ich rufe jetzt eine Streife. Und dann ab in die Ausnüchterungszelle!«

Und er beginnt, per Funk eine Streife anzufordern. Ich stellte mir vor, wie man uns abführt: zwei Jerofejews und die berühmte Schauspielerin L. - zur Ausnüchterung; ich konnte mich vor Lachen kaum halten. Der Bulle wurde fuchsteufelswild. Das sowjetische Funkgerät knisterte. Die Gorbatschowsche Antialkoholkampagne lag in der Luft. Die würden uns fix und fertig machen.

»Wir sind nicht betrunken«, sagte ich zu dem bösartigen Milizionär. »Wir sind krank.«

»Ach ne, krank heißt das jetzt!«

»Glaubst du mir nicht?«

Ich fasste den Namensvetter um die Taille, als wollte ich mit ihm Tango tanzen. Stattdessen wickelte ich den schwarzen Schal, den er die ganze Nacht getragen hatte, von seinem Hals. Ich wusste nicht, was mich erwartete. Ich wusste nur, dass man ihm die Kehle herausgeschnitten hatte.

Der Namensvetter wehrte sich nicht. Er sah mich mit reinen betrunkenen Augen an, verstehend oder nicht verstehend, das war unklar, und wehrte sich nicht. Ich wickelte den Schal ab und sah: Bei ihm war *alles* herausgeschnitten!!! Alles!!! Ein Rätsel, worauf der Kopf sich noch hielt. Lauter zerfetztes Fleisch. Ich hatte sozusagen sein intimstes Geheimnis aufgedeckt und zuckte zusammen.

Lieber Gott! Wofür hast du ihm das angetan?!

Mein armer Jerofejew...

Aber auf der anderen Seite, auf einer ganz anderen Seite, überkam mich ein Gefühl tierischer Rache. Soll sich der *Drecksbulle* doch am Anblick des Nichts erfreuen! Eine Streife wollte er rufen! Das Ekel von einem Staatsdiener! Ich blickte mich um, wollte mir ansehen, wie es ihm peinlich war.

Na, hast du gesehen, dass wir krank sind?

Zu meiner völligen Überraschung sah ich den Milizionär nicht. Er war klein. Das wusste ich noch. Langsam – denn ich war ja auch nicht ganz nüchtern – sah ich unter meinen rechten Arm nach – bist du da? War er nicht. Unter dem linken. Der Polyp war verduftet! Oder was? Halluzinationen? Hatte ich ihn mir nur eingebildet? Ich stand befremdet da. Wohin war er verschwunden, zum Teufel? Kein Milizionär weit und breit. Der Namensvetter saß in der Schneewehe. Die Schauspielerin lag mit dem Bauch im Schnee. Ich umwickelte dem Namensvetter geduldig den nicht vorhandenen Hals.

»War hier ein Milizionär?« fragte ich den Namensvetter. »Ja oder nein?«

Der Namensvetter sah mich mit ratlosen reinen Augen an. Ohne das japanische *Spielzeug* sah er schrecklich hilflos aus. Ich hatte ihn in den Klauen, den Namensvetter.

»Ach, du armes Arschloch«, murmelte ich und wischte ihm das nasse Gesicht mit einem Taschentuch ab.

Ich glaube nicht, dass Jerofejew sich am nächsten Tag an irgendetwas erinnerte.

7. Zwei Jerofejews

Die Idee der Veranstaltung »Zwei Jerofejews« entstand in den avantgardistischen Köpfen auf der Welle der besagten Perestroika, und ich griff sie auf und dachte an eine Art *Manilowsches*[23] Happening. Ich hatte die wahnsinnige Hoffnung nicht aufgegeben, Verständnis zu finden, um dann mit Jerofejew Tee mit Warenje auf einem hohen Balkon zu trinken und über Literatur zu reden. Außerdem wollte ich, dass das Publikum aufhörte, uns zu verwechseln.

Man fand ein Kino an der Krasnaja Presnja; ein großer Saal, und er war besetzt bis auf den letzten Platz. Ich hatte einen metaphysischen Text vorbereitet. Ich dachte, das könnte lustig werden.

Das war keine Lesung. Das war ein Duell. Das war etwa so, wie wenn die armenische Fußballnationalmannschaft in Tbilissi spielen würde. Nein, es war schlimmer. Der armenischen Mannschaft wünscht niemand einen Sieg, aber sie ist immer gut für eine Niederlage. Ich war nicht einmal einer Niederlage würdig. Man wollte mich ein für alle Mal ausmustern, als untauglichen Spieler, der darauf Anspruch erhob, in einer Liga mit dem Tabellenführer zu spielen. Im Grunde genommen hätte ich aufstehen und sagen sollen: Ich bin der falsche Dmitri. Und dann gehen und nie wieder zurückkommen.

Das Publikum kam wegen des Namensvetters. Sie konnten »Petuschki« auswendig und waren bereit, jedes Wort des Poems heilig zu sprechen. Mein Publikum war praktisch nicht da, denn ich hatte ja keinerlei Publikum. Na ja, ein paar Dutzend Mitfühlende. Jerofejew kam zusammen mit Freunden, die noch strenger waren als das Publikum und er selbst. Ihnen war klar, dass dies die letzte Schlacht war. Ich erinnere mich an die feindseligen Augen irgendeiner ihm sehr nahe stehenden Poetessa mit dem Gesicht einer Nonne, ich erinnere mich an die feindseligen Augen seiner Sekundanten, die versprachen, dass es für mich keine Gnade geben würde.

»Du bist jünger. Fang du an«, sagte kühl der Namensvetter mit Hilfe seines japanischen Maschinchens zu mir (es hatte sich also wieder gefunden!), und wir schritten in entgegengesetzte Richtungen, um uns zu schießen.

Einleitend sagte Prigow irgendwas *Spielerisches* über die zwei Jerofejews, was vom Publikum ohne besondere Sympathie aufgenommen wurde. Man übergab mir das Mikrofon. Ich begriff, dass hier keine Metaphysik der Namensgleichheit durchging. Ich begriff klar und deutlich, welch ein Fiasko mir bevorstand, um das sich bestimmt noch Legenden ranken würden, und mein ganzes Manilowtum hatte sich in Luft aufgelöst.

Ich war auf ein Duell nicht vorbereitet; der Namensvetter war mächtig und krank, mit ihm konnte ich nicht fertig werden. Und wozu auch? Es blieb mir nur übrig, auf seine Gnade zu hoffen, die letzte Hoffnung lag in seiner Hand. Was soll's, er wird sich meinen Text anhören und dann selbst entscheiden, wie er sich dazu verhalten soll.

Ich begann »Leben mit einem Idioten« zu lesen, eine Erzählung, die ich schon mehrmals auf verschiedenen Moskauer Veranstaltungen gelesen hatte, in gewissem Sinne also ein erprobter Text. Noch eine Illusion! Mit demselben Erfolg hätte ich einen Leitartikel aus der »Prawda« oder eine Breschnjew-Rede vorlesen können. Nein, eine Breschnjew-Rede hätte wahrscheinlich besser gepasst; zumindest wäre das eine Provokation gewesen und eine Untergrabung der Bedingungen – eine demonstrative Verweigerung des Duells. Und so warf ich trotz allem dem Publikum mein Kind zum Fraß vor, nicht irgendeins, sondern mein eigen Fleisch und Blut.

Das Publikum saß eisig da, tot, es tat sich nichts, kein Wort, kein Laut. Ich las in einem vollen Saal voll in die Leere. Ich wurde nervös, begann immer lauter und schneller zu lesen, hetzte, ich schrie, als würde man mich so besser hören, zudem mit der *unterwürfigen* Versprechung: Jetzt, jetzt gleich wird es interessant. Es wurde nicht interessant. Dafür ließ ich einen großen, wirren Aufschrei auf das ganze Kino los. Natürlich verhaspelte ich mich, las schlechter als sonst, war nicht klug genug aufzustehen und zu gehen. Ich las den »Idioten« zu Ende. Der Saal schwieg, die Lippen zusammengekniffen. Vereinzeltes Klatschen war zu vernehmen, was bei der allgemeinen Stille ironisch klang. Ich nahm mir den »Persischen Flieder« vor. Innerlich hatte ich mich mit der

Pleite schon abgefunden, aber ich wollte noch nicht aufgeben.

Mit Vergnügen knallte mich das Publikum schließlich ab.

Dann kam Jerofejew auf die Bühne, groß, grauhaarig und aufrecht – der Saal brüllte vor Begeisterung und hörte nicht auf, bei jedem durch das japanische Maschinchen entstellten Wort seines Lieblings vor Begeisterung zu toben. Ich saß im dunklen Saal, weiß im Gesicht und erniedrigt. Später sagte man zu allem Überfluss zu mir, dass alles gar nicht so schlimm für mich ausgegangen sei: Man hätte mich auspfeifen und zu Tode applaudieren können, aber ich glaubte das nicht.

Als alles vorbei war und das begeisterte Publikum Jerofejew umringte, ging ich auch hin, um ihm zu gratulieren. Er reagierte überhaupt nicht. Es war aus mit mir. Wir wurden ins Foyer hinausgeschwemmt, ein Fotograf eilte auf den Namensvetter zu, Jerofejew ließ sich zusammen mit seiner Clique fotografieren, ich stand da und sah zu, mit dem Rücken an die Wand gelehnt, wie sie fotografiert wurden. Das war die einzige Chance, ein gemeinsames Erinnerungsfoto zu machen. Wir taten es nicht.

»Was bis du für ein Unmensch, Scheiße noch mal!« dachte ich. »Keinerlei Großmut! Wo bleiben dein Christentum und Katholizismus? Keinerlei Gnade gegenüber den Gefallenen! Ich an deiner Stelle …«

Plötzlich wurde ich wütend. Die Sekundantenschar zog los, um zu trinken und sich zu amüsieren. Ich verließ das Kino, setzte mich in meinen »Schiguli«, es war kalt, und ich ließ den Motor warm laufen. Völlig unerwartet klopfte jemand gegen die Scheibe. Ich wandte mich um: der Namensvetter! Der Namensvetter lächelte mich an!

Ganz freundschaftlich! Ich sah ihn an und begriff nichts. Ich war erschüttert.

»Kann man dich ›anzapfen‹?« fragte er, als wäre diese Veranstaltung nie gewesen. »Unser Auto springt nicht an.«

Ich wendete und fuhr mit dem Vorderteil meines Wagens an ihren Wagen heran. Ich kramte das Starterkabel heraus – *sie* sprangen schnell an. Der Namensvetter öffnete das Fenster einen Spalt:

»Fahren wir, trinken wir einen.«

Ich sagte nichts, starrte das Auto seiner *Sekundanten* an. Das waren die Leute, die sich so kurzsichtig freuen, dass ihr Idol mehr bedeutet, als er geschrieben hat. Meiner Meinung nach ist das nachtblind und besiegelt sein Schicksal! Ein unglücklicher Lomonossow! Ein impotenter Müßiggänger, der in den letzten zwanzig Jahren seines Lebens nichts getan hat! Nur angestrengte Wiederholungen seiner Selbst! Ich habe ein ganzes Buch darüber geschrieben, worüber du so plump und kleinlich in deinen Notizbüchern schwadronierst, wo die naive Lüsternheit aus dir hervorkriecht, die Liebe zu billigen Wortspielen und die Freude über das erste, rudimentäre Wissen!

»Was faselst du, gekränkter Mensch!« unterbrach ich mich selbst.

Ich war froh, dass ich die Automobil-*Energie* mit ihnen geteilt hatte, das gefiel mir irgendwie, aber ich hatte keine Lust, mit ihnen zu trinken.

»Ein andermal.«

Ich habe ihn nie wieder gesehen.

Eine gewisse Zeit war vergangen, und er rief bei mir an. Ich war nicht in Moskau.

»Hier ist der Namensvetter«, sagte er zu meiner Frau, die über die jenseitige Stimme erschrocken war. »Hängen Sie bitte nicht ein. Ich hatte eine Operation«, sagte er abgehackt mit jenseitiger Stimme. »Hier ist der Namensvetter.«

Ich kam nach Hause und rief nicht zurück.

»Wenn es ihm wichtig ist, ruft er selbst wieder an«, sagte ich und riss den Manilow mit der Wurzel aus mir heraus.

Anfang des Jahres 1990 saßen der inzwischen verstorbene Wladimir Maximow und ich im Restaurant »Pirosmani« und diskutierten über die Möglichkeit einer ästhetisch *linken* Nummer der Zeitschrift »Kontinent« (ich verneigte mich vor ihm für »Kontinent«). Aus der Idee wurde nichts. Es verschlug uns rasch auf unterschiedliche Seiten der ästhetischen Barrikade.

»Wenja stirbt«, sagte Maximow und schluckte das georgische Grünzeug herunter. »Besuchen wir ihn morgen im Krankenhaus? Verabschieden wir uns von ihm.«

»Ich fahre nicht«, sagte ich nach kurzer Überlegung.

Maximow war erstaunt und sah mich an (wie es sich für ihn gehörte) wie den russischen Marquis de Sade.

Aber es ging nicht um de Sade und nicht um Manilow und auch nicht um den Splitter seit den »Zwei Jerofejews« (der natürlich in mir festsaß, oh, und wie ...! Nicht wegen meiner Pleite ... wegen *seiner* Stumpfsinnigkeit!). Mir tat Wenedikt wahnsinnig Leid, und *deshalb* wollte ich nicht ins Krankenhaus fahren. Ich wusste, wie schrecklich er sich quälte (das sagte mir auch Maximow), ich hatte damals auf der Straße ja seine Kehle *gesehen*, und nun sollte ich, der junge, gesunde *Namens-*

vetter, mit Blumen an seinem Sterbebett auftauchen, um mich zu verabschieden.

Einen Scheißdreck braucht er das!

Ich weiß bis heute nicht, ob meine Entscheidung richtig war oder nicht. Einerseits ... Andererseits ... Ich tat, was ich für richtig hielt.

Und dann geschah Folgendes: Im Mai 1990 reiste ich mit meinem Sohn nach Deutschland, und meine Frau blieb zu Hause. Spätabends klingelte das Telefon.

»Ist da die Wohnung des Schriftstellers Jerofejew?« fragte eine düstere männliche Stimme.

»Ja«, sagte meine Frau.

»Ich möchte Ihnen mein Beileid aussprechen anlässlich des Todes Ihres Mannes ...«

»Und ... mein Sohn?« fragte meine Frau nach kurzem Schweigen, die glaubte, wir seien mit dem Flugzeug abgestürzt.

Pause in der Leitung. Meine Frau fiel in Ohnmacht.

8. Vampir

Jerofejew ist nicht tot – er lebt in mir. Ich bin bis heute davon überzeugt, dass er mit Vergnügen seinen transparenten Wohnort wechseln und an einem anderen, von seinem Standpunkt aus *würdigeren* Ort Fuß fassen würde. Aber wir haben beide keine Wahl, wir sind verurteilt, unsere Wangen aneinander zu drücken, die Umschläge unserer Bücher, die Karteikarten in den Bibliothekskatalogen aller Sprachen – wie die Klassiker des Marxismus auf einem Orden. Wie zum Hohn sind uns als Draufgabe nicht nur der gemeinsame Familienname, sondern auch gemeinsame Initialen gegeben: W. W.

Habe ich mich an seine »parasitäre« Existenz auf meine Kosten gewöhnt? Was bleibt mir denn übrig? »Wie schön, dass Sie nicht gestorben sind«, sagen Leute zu mir und reichen mir »Die Reise nach Petuschki«, damit ich eine Widmung hineinschreibe. Sie freuen sich so über die Begegnung mit ihm, ihre Augen glänzen so, sie lieben ihn so hingebungsvoll, dass ich jedes Mal schreckliche Angst habe, sie zu enttäuschen. Sie betrachten mich eingehend und suchen ihn, legen seine Züge auf mein Gesicht und sind bereit, die Nichtübereinstimmungen zu schlucken und sie auf die Unvollkommenheit der Fotografien und des eigenen Erinnerungsvermögens, die Launen des Schriftstellerschicksals und den allgemeinen Einfluss des Alkohols zu schieben. In ihrer Wiedererschaffung seines Gesichts aufgrund meiner »Vorlage« liegt die Unruhe der Suche und eines Ansatzes von schöpferischer Arbeit. Ich stehe da und schaue zu, wie sie verbissen arbeiten.

Nicht ein Dutzend, sondern viele hundert Mal hat man ihn in mir gesehen, und ich weiß aus Erfahrung: Ich muss die Enttäuschung sofort herbeiführen. Eine Sekunde zu zögern bedeutet, eine unerfüllbare Hoffnung zu nähren, mein Blut an ein Gespenst abzugeben. Da, er erhebt sich: ein den Hanswurst spielender, den Kopf auf dem dünnen Hals verdrehender, den Misanthropen kultivierender, sensibler Grobian, ein schüchterner Rüpel, er erhebt sich, wächst, der Scharfzüngige, benommen von Aphorismen, frisch wie eine überlieferte Legende.

Ich sehe, wie er sich mit meinem Blut voll laufen lässt, und ich beeile mich: Die Enttäuschung nach *meinem* Zögern nimmt die Form extremen Unwillens und Misstrauens an. Im Grunde genommen muss ich die Rolle nicht nur des Unglücksboten, sondern auch des Mörders übernehmen. Ich lasse ihn in mir wieder auferstehen, nur um ihn ein weiteres Mal zu vernichten. Sobald er aufersteht, greife ich erneut zum gefährlichen Rasiermesser. Ich verkünde nicht so sehr seinen Tod, ich organisiere ihn vielmehr vor den Augen der uns verwechselnden Menschen.

Ob das an mir schmarotzende Gespenst mir gefällt oder nicht, es ist *mein Karma*, und ich muss mit ihm leben. Alle übrigen – von Moskau bis Indien – sind nur Zuschauer, die sich am Ort des Geschehens angesammelt haben. Ich freue mich, ihnen als Opfer ihrer Neugier zu dienen. Ich bin selbst an allem schuld? Vielleicht. Aber ich bin meinem Karma dankbar, dass es die Bürde der schriftstellerischen Eitelkeit von mir genommen hat. Nach Tausenden von *Quiproquo* gibt es nichts mehr zu prahlen, die Eitelkeit ist abgestorben. Jerofejew hat die schriftstellerische Eitelkeit in mir im Keim erstickt.

Ich weiß außerdem, dass es ein gutes Gespenst *sein kann*, das mich in der Art eines familiären sozialistischen Wettbewerbs in den Hintern tritt. Ich halte es für möglich, dass er mir seine schüchternen Küsse aus dem Grab schickt. Vielleicht werden wir uns eines Tages in den Armen liegen und uns endlich erklären. Vielleicht werden wir Freunde. Aber jedes Mal sein Ableben zu verkünden, wenn es auch lange zurückliegt – das ist ein schweres Kreuz. Die Augen werden trüb, die Menschen gehen von mir weg mit schweren Gefühlen. Zweimal bin ich bei unverständigen Lesern in die Lage eines Menschen geraten, der sich in ihren Augen von der eigenen Existenz lossagte und sie noch auf perfide Art zum Narren hielt. Sie glaubten nicht, dass ich nicht er war und gingen befremdet ihres Wegs. Einen passionierten Jäger und Angler, einen leidenschaftlichen Jerofejew-Fan, versuchte ich durch undefiniertes Brummeln loszuwerden, ich flehte zu Gott, er möge mich bald in Ruhe lassen, aber als er mich auszufragen begann, wo und wie ich »Petuschki« geschrieben habe, musste ich mit Verspätung Jerofejew umbringen, und das sah aus wie eine überreife Abtreibung.

Gott sei Dank habe ich niemals meinen Namen oder eine Widmung in eine »Petuschki«-Ausgabe geschrieben, obwohl es auch Leute gab, die darauf bestanden, sogar nachdem ihnen klar geworden war, dass sie sich geirrt hatten. Einmal reservierte man mir in einem Hotel extra ein Zimmer, und als ich mich darin niedergelassen hatte, bat man mich feierlich, meinen Namen in *sein* Buch zu schreiben. In einer Moskauer Wochenzeitung erschien kürzlich ein Leserbrief, in dem der erboste Schreiber uns überhaupt zu einer Person zusammenpappte. Er schrieb an die Redaktion über einen bekannten Skandalautor, Alkoholiker und Sexbesessenen. Wir sind ein Paar geworden, wir sind *siamesische* Namensvettern. Aus einem ursprünglichen Witz ist die Idee der Bestimmung geworden. Die metaphysischen Überfrachtungen sind längst in mystischen Drive übergegangen.

Vierzig Arten des Nachtlebens

Die Menschen unterscheiden sich in solche, die nachts Geld ausgeben und solche, die nachts welches verdienen. Der Unterschied zwischen ihnen ist im Grunde unbedeutend, denn die einen wie die anderen gehen fröhlich zu Werk. Unklar ist hingegen, zu welcher Kategorie diejenigen gehören, die schlafen. Eher zu den Pflanzen, da Pflanzen ihrer Natur nach schweigsam sind.

Es gibt vierzig Grundarten des Nachtlebens, und jede ist schön und gefährlich. Überhaupt ist die Nacht gefährlich schön, während der Tag entweder gefährlich, aber nicht schön oder aber schön, aber nicht gefährlich ist, obwohl der Tag meistens weder gefährlich noch schön, sondern weiß der Kuckuck was ist, jedenfalls irgendwie fad und kopflastig.

Die Nacht erträgt wie Puschkin keine Geschäftigkeit, und jede der vierzig Grundarten des Nachtlebens ist weich und harmonisch in ihrer Gefährlichkeit.

Selbst die nicht unbekannte 23. Art des Nachtlebens ist harmonisch. Man möchte meinen, dass nichts Harmonisches daran ist, auf den Friedhof zu gehen, ein frisches Grab auszuschaufeln und Satanist zu werden. Manche halten zum Beispiel diese Art für übertrieben radikal und nicht sehr harmonisch, wenn auch in der Tat für gefährlich. Die Harmonie dieser Art des Nachtlebens besteht jedoch in der Kommunikation mit der Natur an der frischen Luft.

Als klassische Beispiele für Schönheit und Gefahr der nächtlichen Lebensart sind die 8., 14. und 31. zu nennen: der Besuch eines Spielcasinos, eines Rave-Clubs sowie –

in diesen Tagen besonders in Mode – stundenlanges, häusliches Streicheln einer Katze, die man auf seinen Knien liegen hat, bis in die Morgenstunden hinein. Es gibt allerdings einen Teil seelisch zurückgebliebener, wenn auch sehr junger Leute, die meinen, das Streicheln einer Katze sei bei all seiner Harmonie vom nächtlichen Standpunkt aus nicht gefährlich genug. Doch das ist einfach lächerlich, denn das durch mehrstündiges Streicheln einer Katze ausgelöste astrale Abheben ist, sofern richtig durchgeführt, ebenso gefährlich für das so genannte normale Leben wie stundenlanges Tanzen in einem Rave-Club bei den entsprechenden Zutaten. Virtuelle Katzenstreichelfans erzählten mir, dass angesichts ihrer abenteuerlichen Rückkehr selbst Castaneda vor Neid erblassen würde.

Den Freunden russischer Freuden bestens bekannt ist natürlich die 3. Art des Nachtlebens, welche mit fortgeschrittenem Alkoholkonsum verbunden ist, doch auch hier geht es nicht ohne Diskussionen ab. Die unter Jugendlichen wachsende Bewegung für eine gesunde Lebensweise ist bereit, Schönheit und Harmonie des Trinkens in Zweifel zu ziehen und dem die 38. Art entgegenzusetzen: nächtliches Jogging am Stadtrand. Ja, das ist tatsächlich schön und gefährlich, aber die Schönheit hat trotz allem ein Recht auf nationale Eigenart.

Nicht wenig Anstoß unter der Bevölkerung hat die lauteste, die 25. Art erregt. Gemeint sind Motorräder. Ich möchte besonders die Schönheit und Gefährlichkeit des in der nächtlichen Tabelle Mendelejews kürzlich entdeckten, neuen 59. Elements unterstreichen: Bei 165 bis 170 km/h auf bestimmten Typen von erstklassigen Motorrädern, besonders zu nächtlicher Zeit auf der Autobahn Richtung Riga, haben die Mädchen gelernt, diesem Gefährt eine besondere Art Vibration zu entlocken und Empfindungen zu verspüren, die ihnen früher vor allem mit Männern bekannt waren, jedoch in sehr viel stärkeren Formen. Und sie können diese nicht nur selbst empfinden, sondern sie auch an Nahestehende weitergeben. Auf den nächtlichen Straßen wird Frigidität vollkommen abgeschafft.

Klar, dass nach so etwas der Besuch eines Jazz-Clubs (15. Art) oder irgendeines pseudoabgefahrenen Gangsteretablissements (28. Art) mit einem laschen Striptease weniger inspirierend aussieht. Diese bewährten Arten des Nachtlebens sind, wenn auch nicht endgültig veraltet, so doch zumindest in den Hintergrund gerückt. Wirklich gefährlich war Jazz nur für Maxim Gorki, und auch da nur aus altersbedingter Kriecherei, und was den Striptease betrifft, so kann ein Aktmodell die überfütterte Bevölkerung nur noch entweder in vollkommenen oder aber total hässlichen Formen entzücken. Transvestit, wo bist du?

Moskau hat nicht lange hinter New York und Amsterdam zurückgestanden, und wenn wir in irgendetwas den Westen überholt haben, dann im Tempo der Enttäuschung über die nächtliche Stümperhaftigkeit. Kommerzieller Sex verwischt letzten Endes die Differenz zwischen Phantasie und Angebot. Und wenn man von Sadomasochismus spricht, dann sind die Deutschen eben Deutsche: Bei ihnen wirkt es organischer.

Die Intimisierung der nächtlichen Lebensweise in den alten Formen nächtlichen Lesens (4.) und des Anschauens von Videofilmen (22.) ist wieder in Mode. Das ist schön und gefährlich für die Augen. Die Augen kleben zusammen. Alles Gute in mir verdanke ich dem Schlaf.

Zwei Michails

Bulgakow und Lermontow sind zwei Pole der Literatur. Das zufällige Übereinstimmen ihrer Geburts- und Todesdaten bringt einen auf alle möglichen seltsamen, wenig feierlichen Gedanken.

Es ist erstaunlich: In seiner gesamten Schaffensperiode gab es bei Bulgakow nicht einen aufrührerischen Gedanken, nicht einen Anschlag auf den gesunden Menschenverstand ... Sein Werk ist ein Katechismus des Anstands für Kinder und Erwachsene, Nationalisten und Kosmopoliten, kluge Köpfe und Idioten. Bulgakow ist universal und heilsam wie eine Arznei. In Krämpfen windet sich davon nur die grässliche, aus den verhängnisvollen Eiern geschlüpfte Brut.

Was heißt hier, kein einziger aufrührerischer Gedanke? Ist nicht der ganze Bulgakow ein einziger aufrührerischer Gedanke? Bulgakow ist ein hervorragender antisowjetischer Schriftsteller, der sich der satirischen Entlarvung eines rüpelhaften Regimes verschrieben hat. Übrigens, je nachdem, wie man es betrachtet. Wenn das Regime verbrecherisch war (man hat es satt, darüber zu schreiben ...), dann ist Bulgakow heilig. Wo bleibt also das Aufrührerische?

Bulgakow hat mit Talent die Sowjetmacht ausgelacht. Die Sowjetmacht hat Bulgakow ohne jedes Talent gehetzt. Sie war inkonsequent bei ihrer Hetzjagd. Wie kann man von Konsequenz reden, wo Stalin wie die letzte Pensionatsschülerin nichts Besseres zu tun hatte, als sich »Die Tage der Turbins« anzusehen? Denn das ist doch die Apotheose der weißen Bewegung! Warum wollte er das Stück dann so dringend sehen? Etwa weil Stalin Bulgakows Anständigkeit beeindruckt hatte? Eine Begegnung von zwei anständigen Menschen. Zumindest am Telefon. Denn er hielt sich selbst ja für einen anständigen Menschen und wollte unserm Land nur Gutes – in Form des Kommunismus ... aber was kann es an einem Kommunisten Gutes geben? Eben, aber wenn das so ist, warum ist er dann ins Theater gerannt?

Ich bin froh, dass Bulgakows Theaterstück »Batum« über Stalins romantische Jugend der sowjetischen Regierung nicht gefallen hat. Schuster, bleib bei deinem Leisten. Willst du anständig sein, dann sei es konsequent, sogar wenn sie dir ein bisschen wehtun. Das Stück wurde verboten. Nicht auszudenken, was gewesen wäre, wenn sie es erlaubt hätten. Die unanständige, blutbefleckte Regierung hat Bulgakows Ruf des anständigen Schriftstellers gerettet.

Die Biografie ist gelungen. Gelungen ist auch das Werk. Über die Sowjetmacht kann man endlos lachen. Das ist der Raum des Bulgakowschen Werks. Man kann sie auch verachten und hassen. Aber Bulgakow war zu weich und inkonsequent. Scharikow[24] – die rüpelhafte Seele der Revolution – wird wieder in einen Hund zurückverwandelt, der ergeben die Hand seines Herrn leckt. Das war der süße Traum der gesamten normalen russischen Intelligenzia, die sich durch die Revolution beleidigt fühlte und richtigerweise mit ihr haderte. Aber warum rufen die Professoren in Bulgakows giftig satirischen Erzählungen so beständig bei der GPU an, wo sie Mitgefühl finden?

Die Hetzjagd auf die Literatur ist unsere nationale Form ihres Überlebens. Um Bulgakow zu retten, muss man ihn wieder verbieten. Heute wird er uns allen als Allheilmittel gegen geistige (o, dieses Wörtchen!) Übel verschrieben, ohne dass man sich die Verdrehtheit des gestörten Bewusstseins bewusst macht: Bis heute ernähren wir uns nur von verbotenen Früchten. Von erlaubten Früchten wird uns übel.

Schlagen wir das wichtigste Buch auf. Der Meister findet Mitgefühl nicht bei der GPU, sondern beim fundamentalen Träger des Bösen, der sich zugleich als das Gute erweist. So einen wie den Meister darf man nicht beleidigen. Denn er ist gut ... Denn er hat alles gewusst ... Und das nach all den philosophischen Irrungen und Wirrungen des »Silbernen Zeitalters«? Klammern Sie die Sowjetmacht aus, so bleiben die Attribute gewöhnlicher Anständigkeit, die Lampenschirme und Vorhänge der »Weißen Garde«, all das, was die liebenswerte Gemütlichkeit der Intelligenzia darstellt. Während diese Gemütlichkeit aber *vor* der Katastrophe eine alltägliche Tatsache war, weitete sie sich *danach* zu einer literarischen Tatsache aus, verwandelte sich in eine durch Talent, Vornehmheit und Kühnheit definierte Metapher.

Von Philosophie weit und breit keine Spur. Voland[25] kommt mit einer erstaunlich kleinen Aufgabe nach Moskau. Er ist wahrlich ein kleiner Dämon, der sich gemeinsam mit dem Meister die echte Metaphysik des Terrors entgehen lässt. Dort, wo der unvergessliche »Stör von zweitklassiger Frische« verlassen wird, ist der Roman voll billiger Melodramatik. Er ist oft geschmacklos in seinen religiösen Ansprüchen und überflüssig theatralisch.

Ich habe keine Kraft mehr, darüber zu schreiben ... Der Kampf gegen den Sowjetismus hat uns Hände und Füße gebunden. Es ist wohl an der Zeit, aus unserer niederträchtigen Geschichte herauszutreten und aufzuhören, ihre Geisel zu sein. Aber dazu später. Bulgakow ist ein Muster an Anständigkeit. Warum also aus ihm einen Goethe machen? Er war ein großartiger Satiriker, der vor der Wahl stand, entweder die Sowjetmacht zu verdammen oder zu versuchen, sie zu verbessern. Sein Schwanken ist historisch, nicht aber ontologisch interessant.

Bulgakow machte offensichtlich einen Fehler, als er in einem Brief an die sowjetische Regierung schrieb, dass er ein mystischer Schriftsteller sei. Das war eher eine Herausforderung der atheistischen Staatsmacht, eine Geste bürgerlichen Ungehorsams als die Wahrheit. Ein Satiriker kann kein Mystiker sein. Der Satiriker steht immer *über* seinen Helden, die von Anfang an durch die gesamte stilistische Konstruktion determiniert und vorgegeben sind. Der Satiriker lehrt; der Mystiker lernt. Der eine weiß, der andere zweifelt. Bulgakows gesamtes Werk ist eine menschliche Komödie, deren Kern im Kampf irdischer Mächte liegt.

Bulgakow wurde von der Sowjetmacht geschaffen. Darin besteht Bulgakows Funktionalität – die Umstände sind stärker als die Berufung des Schriftstellers. Das hat nichts Beleidigendes für Bulgakow – er spiegelte sich wunderbar in der Zeit und verwirklichte sich als mitleidender Schriftsteller.

Aber es gibt einen anderen Pol. Eine ganz andere Art von Meuterei. Es gibt Schriftsteller, die aufrührerische, gefährliche Gedanken aussprechen. Diese Gedanken können nicht von allen angenommen werden, wenn es um die Frage geht, ob die Welt weiter bestehen soll. Zum Beispiel Puschkins berühmter Satz »Wer gelebt hat und gedacht, der muss die Menschen aus tiefster Seele verachten …« ist im Grunde eine Herausforderung an die menschliche Lebensordnung. Die Herausforderung Lermontows gehört zur gleichen Kategorie. Es heißt,

Nikolai I. habe, nachdem er den »Helden unserer Zeit« gelesen hatte, das Buch zu Boden geschleudert und obszöne Flüche ausgestoßen. Der Monarch hatte Recht. Der »Held unserer Zeit« ist subversive Literatur. Sie steht nahe bei Nietzsche.

Ich werde aus Lermontow keinen Dämon machen, wie es seinerzeit Wladimir Solowjow getan hat. Bulgakow nahm seine satirische Begabung ernst; Gogol wunderte sich darüber, wie unernst Lermontow sein Talent nahm. Aber unernst zu sein, das hatte Lermontow im Blut, und es entsprach seinem Verhältnis zur Welt. Es ist lächerlich, die Welt zu verachten und die eigenen Anstrengungen, sie zu erklären, nicht ebenfalls zu verachten.

Bulgakow versucht die kranke Geschichte zu heilen. Lermontow weiß: Sie ist unheilbar. So wird Petschorin geboren. Zynismus bedeutet – in der russischen moralistischen Tradition – den Tod der Seele. Statt Petschorin zu beweinen, ist Lermontow stolz und froh über ihn.

Aus dem moralischen Duell Petschorin – Gruschnizki geht Petschorin zweifellos als großes moralisches Monster hervor. Gruschnizki, den Petschorin betrügt, verspottet, erniedrigt und mit Vergnügen tötet, das ist jener durchschnittliche Mensch oder kleine Mann, den die russische Literatur üblicherweise beschützt und bemitleidet. Und die junge Fürstin? Da hat er Liebe provoziert und dann lässt er die Frau ohne alle Gewissensbisse sitzen. Er hat nicht nur die junge Fürstin mit Füßen getreten, sondern auch das Gefühl, den Begriff Liebe selbst. Wenn das kein Dreckskerl ist!

Und bei uns wird immer noch über das »ungewaschene Russland« diskutiert. Lermontow hingegen empfand das ganze Unglück dieser Welt in einer sehr viel tieferen, chthonischen Dimension. Das »ungewaschene Russland« war nur der Schatten von anderen Leiden. Es heißt allgemein, der Mensch sei gut, doch er habe sozial unglückliche Umstände hervorgebracht. Quatsch. Denn das hat er ja getan, eben weil er nicht gut ist. Und in diesem Sinne ist Lermontow eben bemerkenswert, weil er mit seinem Zynismus den Bauch der Geschichte aufgeschlitzt hat. Er wollte nicht ihr Gefangener sein. Sein Zynismus ist die Meuterei gegen das menschliche Schicksal selbst.

Lermontow wird von einer kleinen Anzahl Menschen gebraucht, die fähig sind zu begreifen, aufzuwachen und auf den Zustand der Welt mit verzweifelten Gedanken zu reagieren. Die Masse, die Mehrheit braucht das nicht. Soll die Masse nur schlafen – sonst bleibt die Welt wie angewurzelt stehen. Das ist durchaus nicht das berüchtigte Elitebewusstsein. Das ist Galgenauserwähltheit.

Bulgakow ist ein gesundes, leckeres Gericht für alle. Er gehört zur immanenten Kultur, die mit dem System der historischen und sozialen Umstände zu tun hat. In dieser (im wahrsten Sinne) demokratischen Kultur findet die Kanonisierung des Satirikers statt, und dort wird sie auch vollendet.

Lermontow verdiente den Zorn des Monarchen und dessen Unverständnis. *Das ist die wahre Anerkennung für einen einsamen Schöpfer, welcher der Masse der Menschen nichts zu sagen hat.* Er befindet sich in jenen Welten, die das Leserpublikum niemals erkennen wird, da es nicht die Gabe metaphysischer Verzweiflung besitzt. Aber Lermontow ist ein belebendes Gift, ohne das die Bäume jener populären Kultur, die gut gelernt hat, Scharik von Scharikow zu unterscheiden, faulen, vertrocknen und absterben würden.

Der Mann im Balzacschen Alter

Tod den Fotografen. Kampf den Spiegeln. Bitterkeit ist der Haupteffekt der Widerspiegelung. Mit dem eigenen Gesicht konfrontiert, denkt man zum Trost: »Das geht vorbei.« Das ist immer vorbeigegangen, also geht es auch jetzt vorbei. Väter und Kinder existieren nicht mehr. Die alten Männer der Dostojewski-Turgenjew-Garde, die knapp über vierzig waren und die Rolle wollüstiger Schreckgespenster spielten, mit denen die Klassiker die immer nah an der Ohnmacht sich befindenden Fräuleins erschreckten, sind durch den Fortschritt abgeschafft, ebenso wie die Ohnmachtsanfälle. Die Kinder kämpfen um ihr Leben, die Väter ziehen sich zurück. Die Kinder sind jünger, die Väter interessanter. Das Gleichgewicht. Möchte man meinen.

Aber es gibt das Gesetz der Zahlen, das stärker ist als Sternzeichen und physiologische Prozesse. Es gibt Daten, die die Zukunft schrumpfen lassen und die Venen erweitern. Frauen im Balzacschen Alter, die die dreißig überschritten hatten, mussten sich im neunzehnten Jahrhundert mit der Vergangenheit begnügen. Die Frauen haben für sich in den letzten hundert Jahren mindestens zehn Jahre herausgeschlagen. Die Männer doppelt so viel. Sie erreichen jetzt beinahe gedankenlos die fünfzig, ohne Gefühl für ihr Alter.

Dann haben sie es erreicht und – bleiben stehen. Weiter geht's nicht.

Die Kunst des Alterns ist mit Zivilisation nicht vereinbar. Der amerikanische Optimismus in der einfachen Formel *»I am fine«* gibt den Ton der neuesten Zeit an.

Zum Fünfzigsten werden für den Jubilar eine üppige Tafel gedeckt und Reden gehalten, dass nun ein neues Leben beginne, dass er alles noch vor sich habe, auch *das Eine*, das noch lange hervorragend sein werde, die ganze Palette eben.

Und der Jubilar trinkt viel Wodka, lacht viel, umgeben von seinen Freunden, er fasst Mut und glaubt und glaubt doch nicht. Der fünfzigste Geburtstag ist die erste Schwalbe der Totenmesse. Irgendwie ungemütlich. Ein klein wenig traurig. Da hat man den Gipfel des Lebens erklommen. Da ist sie, die Spitze. Aber wie lange kann man sich auf diesem Gipfel halten?

Und weiter geht's rasant bergab, unter Verlust von Zähnen, Haaren und Selbstbeherrschung.

Der Jubilar beginnt sich von Zahlen terrorisieren zu lassen. Früher waren fünfundzwanzig Jahre keine Zeit. Jetzt ist das anders. Früher machte man Pläne zehn Jahre im Voraus, jetzt ein Jahr. Und man muss sich sputen, um alles zu schaffen, aber Eile ist unseriös. Die Zahlen pressen sich zusammen. Der Traum reißt ab.

Das sind die Komplexe des *Mannes im Balzacschen Alter* – nennen wir ihn mal so. Meine Freunde ringsum, Amerikaner, Franzosen, Deutsche und Russen, werden fünfzig, und ich sehe, dass sie nicht wissen, was sie damit anfangen sollen. Alle sind irgendwie optimistisch angespannt und – verwirrt. Und ihre Kinder wissen nicht, was sie damit anfangen sollen, die jüngeren Brüder auch nicht, und ihre Frauen sind ebenfalls befremdet, flüstern aber dem *russischen* Jubilar für alle Fälle zu: »Wassja, lass dich taufen! Für alle Fälle; schlimmer kann's ja nicht werden!«

Der Mann im Balzacschen Alter beginnt nach Komplimenten zu angeln, was früher nicht typisch für ihn war, und wenn er mit eingezogenem Bauch an der Promenade von Sotschi spazieren geht, schaut er die *Mädchen* anders an und ist sehr beunruhigt, wenn sie schlecht auf ihn reagieren, weil sie ihr eigenes Leben haben, in das er nicht hineinpasst.

Fünfzig zu sein, ist eine große Lüge und ein Riesenscheiß, wenn man nicht richtig herangeht. Mit fünfzig *muss* der Mann sich verwirklicht haben. Das ist ein einfaches Gesetz.

Wenn ein Mann auf das Balzacsche Alter zugeht und sich noch nicht für den Rest seines Lebens in Bronze gegossen hat, dann überkommt ihn Trostlosigkeit. Ein Mann von fünfzig Jahren, der andere um ihre Erfolge beneidet und *nervös wird*, ruft Mitleid hervor, das für ihn selbst zerstörerisch ist. Alles wird zusammenbrechen, das Alter wird ihn sowieso erwischen.

Wenn sich der Mann aber realisiert hat, kann ihn nichts aufhalten, und ihm steht alles offen, der Weg führt nicht abwärts. Und er sieht gut aus. Und schöne Frauen finden sich ganz von allein in seinem *interessanten* Kraftfeld ein, ein ganzer Fanclub.

Aber vor allem muss man sein Verhalten korrigieren und zwischen sich und der Welt so etwas wie eine Mauer errichten. Nicht selbstzufrieden werden, das ist es nicht, aber auch nicht die Haltung des Bittstellers einnehmen.

Nicht einmal gegenüber dem Spiegel.

Die Lust des Andersseins

Wenn alle Blondinen lieben, dann liebe du die Rothaarigen. Je mehr die anderen Blondinen lieben, desto mehr liebe du die Rothaarigen. Sei deiner Liebe zu den Rothaarigen treu, liebe die Rothaarigen bis zum Wahnsinn – und die Blondinen werden dich lieben. Wenn alle in Leder herumlaufen, vergiss es. Und die Mode? Sei selbst Mode. Wenn alle Russland lieben, liebe Indien. Wenn du Indien liebst, wenn du von der anderen Seite nach Russland kommst, wirst du Russland so sehen, wie es kaum jemand sieht, und dann wirst du allein entscheiden, ob du es lieben sollst oder nicht. Wenn alle in deiner Umgebung mürrisch sind, sei fröhlich. Sei fröhlich ihnen allen zum Trotz. Wenn alle Rockmusik lieben, dann liebe du Bach.

Wenn du Bach nicht verstehst, dann liebe eben Chopin. Er ist etwas einfacher, aber auch klasse.

Und was ist mit Rockmusik? Und mit dem Tanzen? Wer hindert dich denn daran – tanz doch!

Richtige Männer wissen, dass Frauen es nicht lieben, auf die Schnelle zu bumsen. Richtige Männer haben jedoch wenig Zeit. Spare sie nicht bei der Liebe.

Alle sagen, Fernsehen sei Gift. Höre darauf. In diesem konkreten Fall lügt die Stimme des Volkes nicht.

Aber wenn du sehr große Lust hast fernzusehen, dann mach schnell die Kiste an. Na los, schlaf nicht ein.

Es ist eine Zeit großer Veränderungen. Alle fragen sich, was tun, wie leben. Frag dich das nicht zusammen mit andern. Frag dich allein, für dich.

Alle machen Geld – mach das *große* Geld oder überhaupt keins, mach es nur nicht wie alle.

Was ist ein russisches Schwein? Die nationale Spardose. Schmeiß nach Möglichkeit kein Geld rein. Verwöhn das vertraute Tier nicht.

Alle träumen davon, reich zu werden, eine große Wohnung zu kaufen, du aber träum nicht – handle. Und wenn es nicht klappt, dann träum nicht von Dummheiten, mach den Traum nicht billig.

Früher haben sich viele an die Sowjetmacht verkauft. Sie wollten einen dicken Breschnjewschen Zungenkuss bekommen. Heute verkaufen sie sich an die Werte der Marktwirtschaft. Es gibt mehr Versuchungen, und sogar diejenigen, die früher standhaft waren, juckt es in den Fingern. Die grünen Geldscheine sind wichtiger als sowjetische Orden. Egal – verkauf dich nicht. Du kannst dich nicht wieder zurückkaufen.

Trau der Werbung nicht, auch dann nicht, wenn sie Recht hat. Sie wird nicht beleidigt sein – sie hat auch ohne dich genug Verehrer.

Wenn du Actionfilme und Krimis liebst, dann brauchst du dich nicht zu genieren. Schwächen sind menschlich.

Wenn alle blöd sind, sei du klug.

Das ist interessanter.

Wenn alle ihre Mütter lieben, dann liebe *auch* du deine Mutter.

Sie war es, die dich so, den andern unähnlich, geboren hat.

Kauf dir ein Pferd und reite los. Reite übers verschneite Feld bis hinter den Horizont. Versetze die Welt in Erstaunen.

Alle tratschen über Berühmtheiten. Mach das nicht mit. Werde eine Berühmtheit.

Wenn du Politik nicht magst, dann tust du recht daran.

Aber lass nicht zu, dass die russische Politik sich über dein Leben lustig macht. Vergiss nicht – sie ist erblich belastet.

In den Zeiten, da die Massenkultur überhand nimmt, ist es gut, zur Elite zu gehören. In den übrigen Epochen ist das nicht obligatorisch. Es ist sogar unschön – in den übrigen Epochen.

Liebe dich selbst. Aber liebe dich selbst trotz allem weniger, als die geliebte Frau dich liebt.

Sei eine Ausnahme von der Regel, sei der Erste oder der Letzte, nur kein Gemeinplatz. Nimm nicht diesen Platz ein, leih ihn lieber deinem Feind.

Anderssein ist die Schwester des Talents. Talent hat zwei Schwestern[26] und nicht eine, wie alle meinen.

Die Schwestern des Talents sind Weiber mit roten Backen. Sei Moslem. Heirate beide.

Selbstporträt des Schriftstellers im Mantel

Und so trat ich ein, im schwanzfarbenen Mantel. Frisch rasiert. Barfuß.

Mit einem Holzkoffer in der Hand. Der Arsch – rot. Voll Lippenstift von Küssen.

Hamlet aus Rjasan

Die Revanche von Rjasan. Die Kommunisten, die dort an die Macht gekommen sind, haben nicht nur die Haustiere, sondern auch die Frauen wieder vergesellschaftet. Vor 1991 geschlossene Ehen wurden für ungültig erklärt. Laut der letzten Resolution des Gebietskomitees ist es den Frauen verboten, ausländische Kleidung zu tragen, was die Popularität der Roten bedeutend vergrößert hat, da die Frauen nun ziemlich unbekleidet herumlaufen. Außerdem ist es ihnen verboten, das Wort »nein« zu benutzen.

Die Rjasaner haben neue Formen von Vergnügungen gefunden. Die Holzzäune wurden mit leidenschaftlichen Losungen voll geschrieben. Das Ganze ging so weit, dass auf dem Hauptplatz das Lenindenkmal als Symbol des russischen Eros wieder aufgestellt wurde. Während der Enthüllungszeremonie standen Mädchen Spalier, die nur mit Pionierhalstüchern bekleidet waren. Die Enthüllung des Denkmals entwickelte sich zur reinsten Orgie. In den Sockel des Führers wurde eine Kapsel eingemauert, die die Samenflüssigkeit all derer enthielt, die Geld für die Realisierung des Projekts gespendet hatten. Manche meinen, das Denkmal werde schwanger werden, mit wem oder was, das allerdings glauben alle zu wissen.

Ich war unter dem Vorwand, meine Leser zu treffen, in geheimer Mission nach Rjasan gekommen, um den antikommunistischen Untergrund zu unterstützen. Der Untergrund bewaffnete sich mit Flaschen einer selbst gebrannten Mixtur, und wir saßen bis zum Morgen im Atelier des Malers W. und diskutierten darüber, was tun.

Ich werde nie aufhören, mich über die russischen Männer und ihre grundlegende Hoffnungslosigkeit zu wundern. Rasch stellte sich heraus, dass man nichts tun kann, denn was immer man tut, es gelingt nichts, und wenn etwas gelingt, dann wird es nur noch schlimmer. Ein erfahrener Dissident mit prägorbatschowscher Berufserfahrung, fünf Mal verheiratet, sprach darüber, dass Bücher wichtiger seien als Frauen.

»Wenn ich morgens kein Geld für Bier habe«, sagte er, »dann vertreibe ich meinen Kater mit Büchern. Am besten geht das mit Nabokov, man sollte nur nicht mehr als fünfzig Seiten lesen. Kafka und Borges im Verhältnis 2:1 kommen von der Qualität her einer Gurkenmarinade nah. Von Gorki kann man sich übergeben. Von Achmatowa kriegt man Durchfall. Zwetajewa lässt einen kalt. ›Die drei Musketiere‹ wirken entspannend. Jessenin taugt auch, besonders nach hochprozentigem Roten.«

Da in Rjasan alle Männer so oder so ihrem Landsmann gleichen, nahm das Gespräch eine interessante Richtung.

»Sex ist wichtiger als Geistigkeit«, protestierte beleidigt ein junger Mann mit dem Gesicht eines ewig suchenden Studenten.

Das ist der traurigste Typus des russischen Mannes. Ewig suchende Studenten finden selten etwas und sind unglücklich in der Liebe.

»Die Wurzel des Bösen steckt nicht in der Gesellschaft, sondern in uns selbst«, sagte ein Geschäftsmann mit dem Spitznamen Kindernahrung, der den Selbstgebrannten gesponsert hatte.

Fürs seelische Gleichgewicht hatte er übrigens auch etwas Sperma für das Lenindenkmal gespendet.

»Ich hätte solche Lust, nach Spanien zu fahren!« seufzte der Gastgeber W., ein positiver russischer Charakter mit den Eigenschaften Gutmütigkeit und schöpferische Entspanntheit.

»Ich nicht«, sagte einer, der Jessenin sehr ähnlich sah und auch Serjoscha hieß. »Im Westen ist es langweilig.«

»Dafür ist es bei uns zu lustig«, sagte der ewig Suchende ironisch.

»Mir gefällt es bei uns«, sagte Serjoscha. »Aber dafür, dass es bei uns lustig ist, müssen wir bezahlen. Und das tun wir ja auch.«

»Lass mich dir die Hand drücken«, erhob sich der Geschäftsmann.

»Im Grunde fehlt es uns allen an Wärme«, sagte laut seine junge Frau, die ein verbotenes schwarzes Kleid trug, welches allerdings nichts verdeckte.

»Ich würde dich gern an die Hand nehmen und entführen«, sagte die Schöne etwas leiser, an mich gewandt.

»Danke«, lächelte ich mit abstrakter Verbundenheit.

»Bei mir ist alles in Ordnung, hier und dort«, sagte sie und zeigte mit den Augen wo. »Glaubst du mir nicht? Gehen wir in die Küche. Ich lese dir meine Gedichte vor.«

Sie nahm meine Hand und schleppte mich in die Küche.

»Und was ist mit deinem Mann?«

»Er ist nicht mein Gebieter. Schau!«

Zu meiner Verwunderung schloss sie die Augen.

»Geschwätz erstarb. Ich trat auf die Bühne.[27] Wie ging es noch weiter?«

Es klopfte. Hamlet stand auf der Schwelle. In Gestalt der Kindernahrung. Mit einer Flasche Kognak und zwei Gläsern.

»Das ist für euch«, sagte er zu uns und verzog sich fürsorglich.

Die Sache der Rjasaner Konterrevolution war auf unbestimmte Zeit verschoben.

Männlicher Reichtum

Der Körper des Mannes wird selten beschrieben, sowohl in der Welt- als auch in der Fachliteratur. Ist vielleicht deshalb die Verbindung des Mannes zu seinem Körper gestört? Manche Teile des männlichen Körpers sind bis heute gar nicht oder nur irgendwie benannt. Der Mann erinnert sich seiner Körperlichkeit in Ausnahmesituationen, vor allem unter Stress. Sehr viel mehr Aufmerksamkeit schenkt er seiner Tätigkeit, deren Ergebnisse in der Regel katastrophal sind. Es ist eine Entfremdung des Mannes vom Körper geschehen.

Dabei ist der Mann außerordentlich schön. Mehr noch, seine Schönheit kennt in der lebendigen Natur nichts Vergleichbares.

Manche meinen, der Mann sei geboren, um zu töten. Er besitze die Schönheit des Mörders.

Aber es gibt auch Leute, die finden, das sei nur ein Teil der Wahrheit. Im männlichen Körper steckt die Schönheit der uneigennützigen Selbstbestätigung. Männliche Schultern und Brust sowie Schulterblätter, Waden und Unterarme sind durchaus uneigennützig.

Etwas ganz anderes ist das Bein.

Das männliche Bein stellt ein Muster an Schönheit dar. Es ist dynamisch in seiner Behaartheit. Der Mann muss nicht daran herumrasieren. Es ist fortschreitend, läuft schnell bei all seiner Ausstattung mit Fußsohle, Ferse, Zehen mit großen Nägeln, schließlich Haut. Das Knie als Verbindung zwischen oben und unten muss einfach funktional sein.

Die männlichen Finger sind ein Wunder an rascher Reaktionsfähigkeit.

Ich betrachte gern den Mann, wenn er mit einem Kind an der Hand dahergeht. Die kleine Hand in der großen Hand. Mir gefällt dieses einfache Missverhältnis.

Verschiedenes wird über das männliche Kinn geschwatzt. Mehr als einmal habe ich gehört, dass es an Zorn denken lässt. Naive Leute! Das männliche Kinn eignet sich eher bequem zur Kontemplation.

Der männliche Bauchnabel ist das Zentrum des kosmischen Raums. Wenn der Mann einen offenen Bauchnabel hat, ist er praktisch und kocht gern. Wenn er zugekniffen ist, ist er trotzdem praktisch. Er ist immer praktisch. Immer mit dem Rechen im Garten des Seins.

Der Mann hat eine zarte Haut. Sie ist so zart, dass man sie immerfort mit der Hand berühren möchte.

Die Schönheit des schlafenden Mannes ist in jeder Sprache schwer zu beschreiben.

Wenn der Mann die Backen aufbläst, scheint er ein Gott zu sein.

Wenn der Mann mit einem Kreuz dahergeht, ähnelt er Jesus.

Männliches Pfeifen würde ich überhaupt niemals mit irgendwas vergleichen.

Männliche knackige Pobacken sind nicht nur an und für sich schön, sondern auch dadurch, was zwischen ihnen zu sehen ist.

Die Eier sind eine wahre Schatzinsel. Da gibt es eine Stelle, dass einem schwindlig wird.

Ich bezeichne die männlichen Genitalien niemals mit dem schändlichen, heuchlerischen Wort Glied. Schwanz bleibt Schwanz, und ich werde dieses Wort mit großem Buchstaben schreiben wie das Wort Heimat. Ich streiche es aus dem Lexikon der obszönen Wörter.

Ich schätze die echte Autonomie des Schwanzes, seine selbstständigen Entscheidungen.

Haben Sie einmal die Augen eines masturbierenden Mannes gesehen?

Sie sind voll trockener Tränen.

Haben Sie einmal gesehen, wie der Mann isst? Mir stockt der Atem, wenn ich dieses Schauspiel beobachte.

Wenn sich der Mann einen Tag lang nicht rasiert, wird er zu einem Inspirationsgenie.

Seinen Rennfahrerstil finde ich aufregend. Schön, wenn er himmlische Loopings im Jagdbomber vollführt, dabei aufrecht in der Luft stehend und sich dann auf den Rücken legend.

Ich mag es, wenn sich der nackte Mann im Bad vor einem großen Spiegel, der bis zum Boden reicht, kämmt. Die nassen Haare nach hinten kämmt. Das ist klasse. Ich mag es, wenn er die Wangen mit einem etwas bitteren Parfüm einreibt, wenn er leicht spöttisch lächelt.

Ich will nicht das harte Leben der Bergleute schönreden, aber ich mag es, wenn das Gesicht des Mannes ein wenig schmutzig ist.

Dicker Mann oder dünner Mann – das macht keinen Unterschied! Beide haben einen Adamsapfel.

Männliche Brustwarzen – das sind die neuen Zeichen der Uneigennützigkeit.

Der Hals ist Bewegung.

Der Mund ist Stille.

Der tote Mann ist weniger schrecklich als jedes andere Tier.

Anmerkungen

1. *Nikolai Rerich* (1874–1947) und *Swjatoslaw Rerich* (*1904), Maler; *Juri Rerich* (1902–1960), Orientalist; *Daniil Andrejew* (1906–1959), Dichter und Philosoph
2. *Roman Wiktjuk*, bekannter schwuler Moskauer Theaterregisseur
3. *Wissarion Belinski* (1811–1848), bekannter liberaler Literaturkritiker
4. *Bock* – russ. »kosjól«: Bock, Ziegenbock; auch grobes Schimpfwort für Männer, etwa: Arschloch, Drecksack, Hurenbock
5. Aus der sowjetischen Schulfibel lernten schon die Erstklässler: »Wir sind keine Sklaven, Sklaven sind wir nicht.«
6. Zitat aus Majakowski
7. *Alexander Fadejew* (1901–1956), Schriftsteller, einer der konsequentesten Vertreter des Sozialistischen Realismus
8. *Alexander Suworow* (1730–1800), Feldmarschall, berühmt u. a. durch seinen Übergang über den St. Gotthard im Winter
9. *Kazáp* – in Polen und der Ukraine abwertende Bezeichnung für Russen
10. *Nikolai Strachow* (1828–1896), Philosoph, Publizist und Literaturkritiker
11. *Nikolai Berdjajew* (1874–1948), Philosoph
12. *Wladimir Dal* (1801–1872), Schriftsteller und Autor des berühmten Wörterbuchs der gesprochenen russischen Sprache, das bis heute aktuell ist
13. *Boris Grebenschtschikow*, lebende Legende der russischen Rockmusik
14. *Andrei Wlassow* (1900–1946), sowjetischer General, der mit den Deutschen kooperierte und 1946 hingerichtet wurde
15. *Alexander Wertinski* (1889–1957), Autor und Interpret bekannter russischer Romanzen, lebte viele Jahre in der Emigration
16. *»Mumu«* – Erzählung von Iwan Turgenjew
17. *Gerassim* – taubstummer Held aus »Mumu«, auch Slang für Heroin
18. *Wie frisch waren die Rosen* – Gedicht von I. P. Mjatlew. Die Zeile wurde bekannt durch Turgenjew, der sie in einem seiner Gedichte verwandte
19. *Tschuwak, Tschuwicha* – Junge, Typ bzw. Mädchen, Tussi; Jargon der sechziger Jahre
20. *Sonjetschka Marmeladowa* – Figur aus Dostojewskis »Schuld und Sühne«

21. *Tatjana Larina* – Figur aus Puschkins »Jewgeni Onegin«
22. Das russische Suffix *bes-* lässt sich verschieden ins Deutsche übersetzen: -los, un-, ohne
23. *Manilow* – süßlicher, Phrasen dreschender Gutsbesitzertyp aus Gogols »Tote Seelen«
24. *Scharikow* – Figur aus Bulgakows Erzählung »Hundeherz«; Homunkulus, durch Operation aus dem Straßenköter Scharik entstanden
25. *Voland* – der Teufel aus Bulgakows Roman »Der Meister und Margarita«
26. Ein russisches Sprichwort sagt: »Kürze ist die Schwester des Talents«.
27. *Geschwätz erstarb. Ich trat auf die Bühne.* – Zitat aus Boris Pasternaks Gedicht »Hamlet« in »Doktor Schiwago«